高校英语教学模式创新与发展研究

孙　宇　靳　宁　项　敏◎著

中国建材工业出版社

北　京

图书在版编目(CIP)数据

高校英语教学模式创新与发展研究/孙宇，靳宁，项敏著.--北京:中国建材工业出版社，2024.6.
ISBN 978-7-5160-4212-0
Ⅰ. H319.3
中国国家版本馆 CIP 数据核字第 2024ZS0396 号

高校英语教学模式创新与发展研究
GAOXIAO YINGYU JIAOXUE MOSHI CHUANGXIN YU FAZHAN YANJIU
孙 宇 靳 宁 项 敏 著

出版发行:中国建材工业出版社
地 址:北京市西城区白纸坊东街 2 号院 6 号楼
邮 编:100054
经 销:全国各地新华书店
印 刷:北京印刷集团有限责任公司
开 本:710mm×1000mm 1/16
印 张:9.75
字 数:129 千字
版 次:2024 年 6 月第 1 版
印 次:2025 年 1 月第 1 次
定 价:65.00 元

本社网址:www.jccbs.com,微信公众号:zgjskjcbs

社会发展进入全球化和信息化阶段，英语作为世界主要通用语言，很多领域的知识学习都以之为载体。高校英语教学一直都是高等教育教学较为重要的工作，传统的英语教学模式已经无法适应信息化时代的需求，对高校英语教学模式进行创新成了现如今教育界的共识，十分符合人才培养模式改革发展的战略目标。因此，有必要对高校英语教学模式的创新路径进行研究，以期对培养新时代所需要的英语人才产生有益的影响。

高校英语教学模式课程以建构主义理论、人本主义学习理论和后现代主义教学观为理论指导，以培养学生听、说、读、写、译英语综合应用能力和研究能力为主要目标；强调以学生为学习主体，在教师引导下，借助计算机网络技术，以小组合作的学习形式进行个性化、自主式的研究；在实践中锻炼和提高学生的英语综合运用能力、自主学习能力、研究能力以及综合文化素养，力求达到更高要求。

为了确保研究内容的丰富性和多样性，作者在写作过程中参考了大量的相关文献，在此向其作者表示衷心的感谢。最后，限于作者水平，加之时间仓促，本书难免存在一些疏漏，在此，恳请读者朋友批评指正。

第一章

高校英语教学基础理论

第一节　高校英语教学的理论概述

一、教育与教学

（一）教育

教育对人类的存在与发展起着重要作用，这是因为教育既传承了人类的既有经验，又把单个的个人培养作为社会的组成部分。

“教育”一词在汉语中可以分为两个部分：“教”和“育”，它们分别有“上施下效”“使之为善”之义。然而，英语中的 education（教育）则是指“导出”。教育的学术性定义是基于这一语义而形成的。

美国教育哲学家伊斯雷尔·谢弗勒（Israel Scheffler）认为，教育是纲领性的定义、规定性的定义和描述性的定义，并认为不同定义都在各说各话。

法国学者加斯东·米亚拉雷（Gaston Mialaret）则对教育进行了分类，他认为教育可以分为作为机构的教育、作为内容的教育、作为活动的教育和作为结果的教育。

德国学者卡尔·西奥多·雅斯贝尔斯（Karl Theodor Jaspers）指出：教育是培养新生一代准备从事社会生活的整个过程，也是人类社会生产经验得以继承发扬的关键环节，主要指学校对适龄儿童、少年、青年进行培养的过程。

中国的《教育大词典》认为，教育是传递社会生活经验并培养人的社会活动。学校教育则是根据一定的社会要求和受教育者的发展需要，有目的、有计划、有组织地对受教育者施加影响，以培养一定社会所需要的人的活动。

肖川教授认为，教育的真义就是价值引导与自主建构的统一。奠基于价值引导与自主建构相统一的教育，从学生的成长过程来说，是精神的唤醒、潜能的激发、主体性的弘扬和独特性的彰显；从师生共同活动的角度来说，是经验的共享、视界的融合和灵魂的感召。教育是有意识地以影响人的身心发展为直接目标的社会活动。

综合以上观点可知，教育是一种可以引导人类发展的活动。所以，教育的内涵必然涉及两个要素：引导与发展。引导说明教育是有目的的活动，“使之向善”是最根本的目的。引导还说明教育不是强制性的活动，也不可能强制。不可能强制学生掌握知识、技能、价值观。发展是指学生的发展。教育能否最终实现其目的，主要在于学生是否得到与所设定目标一致的发展。

（二）教学

教学是教育中的一个重要因素，它既是一种基本因素，又是一种复杂因素。研究教育必然要对教学的相关概念有所了解。

教育与教学的最基本关系就是，教学是一种教育活动。对于教师来说，教学是引导学生学习的教育活动；而对于学生来说，教学则是在教师的引导下进行的学习活动。这些活动都是教师有目的、有计划、有组织地引导学生学习的活动。学生是否得到发展是教学是否实现其目标的关键。教学是师生互动的过程，是教师教的过程，也是学生学习并在学习过程中全面发展的过程，是学生在教师引导下掌握知识和技能、发展能力、发展身心和形成相关的情感态度及价值观的过程。教学需要师生共同参与，是师生双方教和学的共同活动，没有教师有计划地教，就不可能有教学活动，但更为关键的是，如果没有学生积极主动地学，教学活动也就无从谈起。因此教学是教与学相统一的活动。所以从师生互动来说，教学应该是教师引导和学生主导的互动活动。

教学是一种有目的的互动，这是因为教学是学校教育最主要的教育活动，其具有非常明确的目标。不同学科的教学虽然具有共同的教学目的，但也都有着各自的教学目标。同样，在不同学段、学年、学期、星期，以及不同的教材、单元、课文、活动中，教学目标也会有所不同。

教学需要具体的内容。教学是一定知识、技能的传递，更是人类生存经验的传递。教学中的知识、技能、经验体现在具体的课程内容和教学内容上。教学内容也具有不同的层次。

教学最显著的特征是系统性和计划性。这是因为，教学是学校教育中有计划的系统的活动，其主要表现在课程计划、教学计划上。当然，这种系统的计划主要是由教育行政机构、学校和教师等通过长期的思考制订而成的。

实施教学必须采用一定的教学方法和借助一些教育技术。教学具有非常深厚的历史沉淀，其在不断变化与发展中形成了大量有效的方法。现代科学技术，特别是信息技术的发展，为教学提供了可以借助的多种多样的教育技术。

由此可见，教学就是在有计划的系统性的过程中，依据一定的内容，按照一定的目的，借助一定的方法与技术，教师引导学生认识世界、学习和掌握知识与技能，同时得到全面发展的活动。

二、现代高校英语理论基础

（一）比较语言学

19 世纪，在语言研究内部发展需求的推动下，在比较解剖学、生物进化学说等自然科学以及其他因素的影响下，语言学家开始将语言作为一个独立的对象进行研究，并形成了历史比较的研究方法，从而形成了语言学史上的第一个相对独立的学派——历史比较语言学。历史比较语言学是把两种或两种以上的语言放在一起加以共时比较，或把同一种语言的历史发展的各个不同阶段进行历时比较，以找出它们之间在语音、词汇、语法上的对应关系和异同的一门学科。利用这门学科既可以研究相关语言之间结构上的亲缘关系，找出它们的共同母语，又可以找出语言发展、变化的轨迹和导致语言发展、变化的原因。比较语言学起源于 18 世纪的欧洲，被广泛应用于 19 世纪的印欧语的研究中，并获得了较大的成果。

（二）结构主义语言学

结构主义语言学认为语言是一个内部相对独立的、自足的抽象符号系统，关注语音、词素、单词、短语、句子等语言单位在整体符号系统中的地位，主要从共时角度对各语言成分之间的关系进行描述。索绪尔的结构主义语言学理论主要产生了下面两个影响。

1. 为现代语言学的研究指明了方向

弗迪南·德·索绪尔（Ferdinand de Saussure）除了系统地阐述了语言的符号性质，明确了现代语言学的研究方向，还规定了语言学研究的任务，即把语言作为一个单位系统和关系系统进行共时的结构描写和分析，目的是揭示语言结构的共时特点和规律，从而认识语言的本质。在索绪尔结构主义语言学理论的影响下，二十世纪二三十年代，语言学从历时研究转向了共时分析，语言学界不仅出现了结构主义的三大流派（哥本哈根学派、布拉格学派、美国描写语言学派），还启发和影响了其他学派，如伦敦学派、莫斯科学派以及后来的系统功能语法、生成语法等。

2. 为现代语言学奠定了方法论基础

根据结构主义的基本理论，索绪尔对语言做出了几种相互关联的二分：语言和言语、共时和历时、内部和外部，并且提出语言各个层面的要素都存在着两种根本的关系，即对立与互补、组合与聚合。索绪尔的这些分析和思考不仅明确了语言研究的范围，而且确定了结构主义语言学的方法论基础。

（三）社会语言学

语言是人类社会的特殊现象及最重要的交际工具，语言离不开社会，那么语言学必然离不开社会学。人类语言的发展与社会发展密切相关，相互依存，语言不可能离开社会而独立存在，没有了语言人类社会就会停滞和崩溃。人类虽然有语言的生理本能，但离开了社会环境就会丧失这种本能，即语言习得也离不开社会。社会语言学就是研究语言及社会的相互关系、相互作用、相互影响的学科。它是指运用语言学和社会学等学科的理论和方法，从不同的社会科学的角度去研究语言的社会本质和差异的一门学科。社会语言学的观点是，语言的最本质功能是语言的社会交际功能。社会化的过程是一个儿童习得母语的最好环境，这不仅能使他们理解本族语的习惯并说出符合语法的句子，而且能在一定的场合和情境中恰当地使用语言。交际能力是运用语言进行社会交往的能力，既包括言语行为的语法正确性，又包括言语行为的社交得体性；既包括语言能力，又包括影响语言使用的社会文化意识的言语能力。

（四）行为主义心理学

行为主义产生于20世纪50年代的美国，约翰·华生（John Broadus Watson）和伯尔赫斯·弗雷德里克·斯金纳（Burrhus Frederic Skinner）是其代表人物。华生认为，人和动物的行为有一个共同的因素，即刺激和反应。心理学只应该关心外部刺激怎样决定某种反应，而不应去管行为的内部过程。他还指出，动物和人的一切复杂行为都是在环境的影响下由学习而获得的。斯金纳在其出版的《言语行为》一书中，提出了行为主义关于言语行为系统的看法。他认为，人类的言语、言语的每一部分都是由于某种刺激的存在而产生的。这里的“某种刺激”可能是言语的刺激，也可能是外部的刺激或内部的刺激。斯金纳还指出，人的言语行为跟大多数其他行为一样，是一种操作性的行为，是通过各种强化手段获得的。因此，课堂上如果学生做出了操作性的反应后，教师要及时给予强化，学生回答正确就说“好”或“正确”，回答错误就说“不对”或“错了”，这样学生的言语行为就会得到不断强化，发生错误的可能性就会降低，从而学会使用与其语言社区相适应的语言形式。语言学习是在不断强化的过程中形成的。当反应“重复”出现时，学习就发生了。

（五）人本主义心理学

人本主义心理学追求“以人为本”和“以整体人为对象”的理论宗旨。因为人本主义心理学存在着与行为主义心理学和精神分析学派不同的理论旨趣和思维方法，所以，心理学界把人本主义心理学称为心理学中的“第三种势力”。人本主义学习理论的观点如下：

第一，人本主义学习理论强调人的价值，重视人的意识所具有的主观性、选择能力和意愿。

第二，人本主义学习理论认为，学习是人的自我实现，是丰富人性的形成。

第三，人本主义学习理论强调学生是学习的主体，应该得到尊重，任何正常的学生都有能力教育自己。

第四，人本主义学习理论提出，人际关系是学生有效学习的重要条件，它在学与教的活动中创造了“接受”的氛围。

总之，语言学习既离不开教师对语言知识的传授，又离不开大量的语言实践活动；学习语言的目的是交流信息、沟通思想，因而教师与学生面对面的语言交流和互动才是最有效的学习途径。由于情感因素是人本主义学习理论的最大特点，所以教师在语言教学中，要坚持以学生为中心，突出学习过程和自我实现的价值，认真贯彻“以人为本”的原则。

（六）发生认识论

瑞士著名心理学家让·皮亚杰（Jean Piaget）在20世纪60年代初提出并创立了发生认识论，综合运用哲学、心理学、逻辑学、生物学等基本理论，研究什么是知识，知识从何处来以及认识的形成条件等，着重探讨知识的个体发展和历史发展。目的是建立能综合个体发生资料和种系发生资料的一般认识发展理论。该理论试图以认识的历史、社会根源以及认识所依据的概念和“运算”的心理起源为根据来解释认识，特别是解释科学认识。发生认识论主要研究知识是如何形成和发展的。

皮亚杰指出，不管人的知识多么高深、复杂，都是从童年时期开始的，甚至可以追溯到胚胎时期。所以儿童从出生起，怎样形成认识，如何发展智力思维，它是受哪些因素所制约的，它的内在结构是怎样的，各种不同水平的智力、思维结构是按怎样的顺序出现的，这些都是值得探究和思考的问题。

（七）建构主义理论

建构主义理论是由认知主义学习理论发展而来的，它从认识论的高度提出了认识的建构性原则，强调了认识的能动性。

建构主义理论的基本观点是，学习需要在教师的指导下坚持以学生为中心的原则。也就是说，该理论主张学生是信息加工的主体，是意义的主动建构者，而不是外部刺激的被动接受者和被灌输的对象。教师是学习的意义建构的帮助者和促进者，而不是知识的传授者和灌输者。直到20世纪90年代，随着科学技术的迅猛发展，多媒体和网络技术为建构主义理论学习环境提供了技术支持，使得建构主义学习理论教学设计思想得以实现。

（八）二语习得理论

作为一门独立的学科，二语习得理论真正形成于20世纪70年代。该理论的主要代表人物是美国南加州大学语言学系的教授斯蒂芬·克拉申（Stephen D. Krashen）。克拉申是在总结自己和他人经验的基础上提出的这一理论。该理论共包含了五个假设，即习得/学习假设、自然顺序假设、监控假设、情感过滤假设和输入假设。

1. 习得/学习假设

根据习得/学习假设，培养外语能力主要有两种途径：习得和学习。习得是一种自然的方式，它是一种不被察觉的过程。学生在有意义的交际中，通过对语言的理解和使用，自然地形成使用语言的能力。而学习则是一种有意识地学习语言规则的过程。学习的目的是弄懂语言知识，并能表达出语言的规则。正确的学习方式能促使学习发生，对错误的纠正有利于弄懂规则，但学习不能导致习得。

对"习得"和"学习"的区分，以及对它们各自在习得者第二语言能力形成过程中所起的作用的认识，是克拉申理论的出发点和核心。在习得/学习假设中，克拉申将学习和习得明确地分开，他将习得看作在学生无意识的状态下获得语言的过程，学习是学生有意识地通过课堂学习等方式获得语言的过程，甚至可以说，习得和学习的知识处在大脑的不同部位。

2. 自然顺序假设

研究发现，正如第一语言习得一样，第二语言习得也揭示出一种可以预见的顺序习得语言规律。学生对某些规则掌握的快慢并不仅仅由规则的简单或复杂决定。最简单的规则不一定是最先习得的规则。即使在第二语言教学的课堂上，同样存在这种自然顺序。无论是否接受正规课堂教学，外语学习者总是以一种大致相同的顺序来习得第二语言。如一般现在时中，第三人称单数要加-s，这个规则十分简单，但即便高水平的第二语言习得者在其语言产出中也往往无法正确地使用它。

3. 监控假设

监控假设与习得/学习假设有着密切的关系，它体现了语言"习得"与"学习"的内在关系。语言习得系统（潜意识语言知识）才是真正的语言能力。而语言学习系统（有意识的语言知识）只在二语运用时起监控或编辑的作用。这种监控作用可能发生在语言输出前，也可能发生在语言输出后。

需要指出的是，监控能否发挥作用还要取决于三个条件：一是要有充足的时间；二是必须将注意力放在语言形式的正确性上；三是需要知道如何运用规则。

4. 情感过滤假设

“情感过滤”是一种内在的处理系统，它在潜意识上以心理学家称之为“情感”的因素阻止学生对语言的吸收，它是阻止学生完全消化其在学习中所获得的综合输入内容的一种心理障碍。

5. 输入假设

输入假设也是由克拉申提出的重要的语言习得理论。他认为，只有习得者接触到“可理解的语言输入”，即比现有的语言技能水平略高，而他又将注意力集中在对意义或对信息的理解而不是对形式的理解上时，才能产生习得。这一理论的公式为：i+1（i表示习得者现有的语言技能水平，1表示略高于习得者现有水平的语言材料）。

克拉申的输入假设和斯温纳（M. Swain）的输出假设是从两个不同的侧面来讨论语言习得的观点，都有其合理成分，都对外语教学有一定的启示。与克拉申的输入假设不同，斯温纳认为，输出对二语习得的影响更大。斯温纳根据自己的“沉浸式”教学实验，提出了输出假设。他认为语言输入是二语习得的必要条件，但不是充分条件；要使学生达到较高的外语水平，除了靠可理解性输入，还需要可理解性输出；学生需要被迫利用现有语言资源，对将要输出的语言进行构思，保证其更恰当、更准确，并能被听者理解。这样既可以提高学生语言使用的流利程度，又能使他们意识到自己在使用语言的过程中存在的问题。因此，在外语课堂教学中，教师应给学生足够的时间和机会使用语言，以提高他们使用语言的流利性和准确性。

第二节　高校英语教学的主要原则

一、以学生为中心的原则

学生是教学活动的主体与内在因素，因而在英语教学中应坚持“以学生为中心”的原则，充分发挥学生的主观能动性，从而使教学质量得以提高，教学任务顺利完成。

以学生为中心就是在教学过程中从学生实际出发（包括真实的学习目标、真实的学习机制、真实的学习动机、真实的学习兴趣、真实的学习困难等），设计和开展英语教学活动，鼓励学生参与、体验教学活动，使他们在整个活动中处于中心地位，从而培养学生的语言能力、交际能力和可持续发展能力等。

教与学是英语教学活动的两个重要方面，二者有着密切的关系。在英语教学中，既要发挥教师的主导作用，又要努力调动学生的学习积极性，树立以学生为中心的思想。只有将教与学协调并配合起来，才能提高英语教学的质量。具体来说，教与学二者缺一不可。学生是学习的主体，要努力学习，勤学苦练；而教师则要为学生的学习创造条件，并随时为学生提供帮助。换句话说，教师的教应建立在学生的学上，教学中的一切工作都应围绕学生的学进行，即英语教学应以学生为中心。

二、交际性的原则

英语作为语言，是人类最重要的交际工具之一。语言的最本质功能是交际功能。交际是在特定语境中说话者和听话者、作者和读者之间的意义转换。由此便能总结出交际的以下几个特点：

第一，交际有口语和书面语两种形式。

第二，交际只在一定的语境中发生。

第三，交际需要两个以上的人参与。

第四，交际需要两个或多个参与者之间的互动。

学习英语的目的在于用英语进行交际。而英语教学的目的是培养学生使用这种交际工具的能力。能够运用所学的语言知识在不同的场合下对不同的对象进行有效得体的交际就是交际能力的核心。因此，在英语教学中必须贯彻交际性原则，使学生能够运用所学英语与人交流，在教学过程中要努力做到以下几点：

第一，充分认识英语课程的性质。

第二，为学生创设各种情景。

第三，注意培养学生语言使用的得体性。

第四，做到精讲多练。

第五，确保教学内容与教学活动的真实性。

三、系统性

要认识英语教学是什么以及与交际的关系，还必须看到英语教学的系统性。系统是什么？“系统”即有相互作用的元素的综合体。现在人们已经认识到无论是物质世界还是思维领域都具有系统性。人类社会是系统，人体也是一个系统，一个工厂、一个车间、一台机器等都是系统。研究事物系统性的科学就是系统论。系统性原则的作用主要体现在三个方面：首先，使学生对所学内容有比较系统、完整的概念；其次，能够建立起各个部分知识之间和新旧知识之间的联系；最后，能够清晰且有层次地消化所学内容。

系统性原则要求教学内容的安排及教学要求的逐步提高和完成应有一定的顺序和系统，要引导学生逐渐地、不间断地来掌握知识和技能。知识和技能是逐步积累和培养而成的。新的知识和技能是在旧的知识和技能基础上获得的，比较高的技能只有在最基本的技能基础上才能获得。只想培养较高的技能而忽视基本功的训练是达不到目的的，但仅仅停留在基础阶段，而不向较高的方面去发展，也不能完成学校的培养目标。为此，研究各年级的练习体系是个十分重要的问题。科学的练习体系对提高教学质量有着密切的关系。一门课程的系统知识和技能只能是长期地、逐步地、点滴地取得的，而不是依靠短时期集中突击可以生效的；否则，即使暂时取得某些知识和技能，它们也是极不牢固的，很快就会被遗忘。因此，这就需要教师在教学中坚持系统性原则。要遵循系统性原则，应从下面几个方面入手：

第一，教学内容的安排要有严密的计划和顺序。

第二，教师应该有计划、有步骤地进行教学工作。

第三，指导学生系统、连贯地进行学习。

第四，要注意各年级语言材料、知识、技能之间的衔接。

四、真实性原则

所谓真实性原则，就是为了提高英语教学质量、教学效率和教学成绩，英语教师应该对教育因素的真实内涵，有所把握，并保证英语教学中的语义、语境、语用材料、教学过程、教学策略、教学方法和技巧以及教学技术等因素的真实性。在英语教学中，遵循真实性原则就是保证各个环节的真实，以培养学生综合语言运用能力为总目标，以交际法和任务型教学为策略，在真实的环境中获得真实的语言能力。

在英语教学中要实现真实性原则，需要做到以下几个方面：

第一，把握真实语言运用的目的。

第二，采用语用真实的教学内容。

第三，设计组织语用真实的课堂教学活动。

第四，设计编排语用真实的教学检测评估方案。

五、循序渐进性

所谓循序渐进性原则，是指教学活动要结合学科的逻辑结构和学生的身心发展情况，有次序、有步骤地进行，以期帮助学生有效地掌握系统的知识，促进身心的健康发展。这一原则是科学知识发展的客观要求，也是教学制约于学生身心发展规律的反映。循序渐进有利于学生将已有的知识、生活经验及好奇心联系起来，有助于他们认清事物发生及发展的过程，明晰所学内容的条理，逐步掌握解决问题的方法，形成解决问题的能力。贯彻这一原则需要做到以下几个方面：

第一，精心设计每个教学环节，明确各个教学环节的目标，选择最佳的方法及手段，使知识的呈现生活化和生动化，使形象向抽象逐步过渡，操作技能与逻辑思维的发展有机结合。

第二，保证每个教学环节过渡自然，做到承上启下。

第三，有序拓展知识网络，懂得每一次的学习都是知识的又一次积累和补充，以便形成较为完整的知识体系。

六、发展性

教学是传授知识的过程，也是促进学生身心发展的过程。在传授知识的同时促进学生的身心发展是教学过程的客观要求。教学的发展性规律主要是指在教学过程中，知识的掌握影响着以智力为核心的身心发展，学生以智力为核心的身心发展又影响着学生对知识的掌握。据此，着重分析一下掌握知识与发展智力之间的关系。在教学过程中，向学生传授知识和发展学生智力并不是相互对立和相互排斥的，而是相互促进、相互影响、相辅相成的。因此，学生的发展可以被看成是一个生命整体的成长，并且这个发展过程既有内在的和谐性，又有外在能力的多样性以及身心发展的统一性。要实现英语教学的发展性，需要做到下面三点：

第一，教师要关注每个学生的成长，以保证所有学生都得到发展。

第二，充分挖掘课堂存在的智力和非智力资源并合理、有机地实施教学，使之成为促进学生发展的有利资源。

第三，为学生设计一些对智慧和意志有挑战性的教学情境，激发他们的探索和实践精神，使教学充满激情和生命气息。

七、可持续发展原则

在完成基础英语教学阶段的学习之后，学生还要向更高级别的英语教学阶段发展，继续进行英语学习。因此，在英语教学中，教师就要坚持可持续发展原则，在实践中自觉地为学生打好向高级阶段学习的基础。具体可从以下两个方面入手。

（一）做好知识的前后正迁移

遗忘是学习任何知识都不可避免的问题，因此必须通过巩固来习得语言知识。但是，仅凭消极的巩固往往得不到满意的效果，因此需要在教学中培养学生的英语实践能力，也就是在发展中达到巩固，以巩固求发展。而巩固性和发展性需要会在概念同化、知识和技能的迁移中体现出来。教学中应尽可能地通过各种方法来增大正迁移量，以便学生更好地掌握知识和实践能力。

（二）培养学生学习英语的正确态度

1. 结合学习内容讨论情感问题

在日常的英语课堂教学中，教师要注意融入积极的情感态度的培养，针对学生学习过程中出现的具体问题进行具有针对性的引导，帮助学生解决情感态度方面的问题。

2. 建立情感态度的沟通渠道

情感态度的沟通和交流渠道可以通过教师在课堂教学中建立起来，例如建设融洽、民主、团结、相互尊重的课堂氛围等。有些情感态度宜集体讨论，有些问题则需要师生之间进行有针对性的单独探讨。但在沟通和讨论过程中，教师要注意尊重学生的感受，避免伤害学生的自尊心。同时，情感具有外在和内在的表现，教师要仔细观察，了解学生的情感态度，以培养学生积极的情感，消除消极的情感。

第二章

高校英语教学模式的改革

第一节　高校英语教学模式改革的理论与方向

自我国发布实施《大学英语课程教学要求》以来，高校英语教学有了较大的进步和发展，但从目前实际情况来看，教学模式改革仍然面临着一些未解决的老问题。为了提高我国高校英语教学的质量和成效，就必须加大对教学模式的改革和创新。

一、我国高校英语教学模式改革的背景

长期以来，我国高校英语教学普遍采用较为单一的模式，大致遵循“复习旧课—引入新课—学习新课—作业布置”这样一套较为固定的教学程序，且教学手段局限于课本、板书、录音机等，多采用“教师讲、学生听”的填鸭式大班教学，教学效果的评价主要是期末考试成绩或四、六级考试成绩，教学目的也更多地为了通过考试。即使最近几年随着多媒体技术的发展，部分教师将其引入课堂，但很多教师也仅仅是将黑板上的板书移植到PPT，将听力播放工具从录音机转移到电脑。因此，这样一种传统的教学模式，使得学生在学习英语方面存在持续时间长、应用能力差的现状。在语言的实际应用能力方面和社会对人才英语能力要求存在较大差距。出现这样的尴尬局面，较为重要的原因之一是对教学活动本质认识上存在偏差。教学活动不是“教师教，学生学”这样一个简单的过程，它是涉及教师、学生、教材、教法、教学理念及手段、教学评价方式等多种影响因素的复杂过程。因此，要想提高教学效果，就要结合英语教学的实际情况，认真分析影响教学效果的多种因素，改革教学模式，从而推动我国高校英语教学不断发展。

二、我国高校英语教学模式改革的主要支撑理论

（一）认知主义

按照学习理论的分类，教学理论相应地可以分为联结说和格式塔理论。联结说在20世纪60年代发展为行为主义，而格式塔理论则发展为认知主义。认知主义将知识的实质、如何获得知识、怎样把知识应用到创造性活动等作为研究范围。行为主义认为学习是受外部环境的支配而被动地进行“刺激—反应联结”的过程，是在不断地练习和强化的过程中形成的类似于条件反射的习惯。而认知学派则认为学习是学生内部心理结构的形成和改组，该过程包括信息输入和输出的

加工。学生在获得新知识的过程中，其本身已经拥有的知识、经验发挥了极其重要的作用。来自外部信息的输入刺激会将学生长时记忆的信息激活，而被激活的认知结构则为学生消化吸收新信息提供了“必要的机制”。因此，认知主义认为学生获得知识不是依靠教师的灌输，不是被动的接受者，而是作为学习活动的主动参与者去探索发现。因此，从认知理论的角度出发，学习语言是一项复杂的知识技能的习得过程，学生可以利用元认知了解整个学习的过程，并据此制订学习的计划、自我监控学习过程、开展学习效果的自我评价等。

（二）人本主义

人本主义是二十世纪五六十年代兴起的一个重要学术流派。该流派不赞同行为主义者将人当作动物或者机器而忽视了人本身发展的观点，同时也不赞同认知主义重视认知结构而忽视人的价值、态度、情感等因素对学习所具有的影响。它认为在学习过程中，学生具有主体地位，强调学生的潜能和学习过程。人本主义是从一个全新的角度来研究学习，它看重学生的自我实现。根据人本主义的观点，语言教学不是教育的全部，因为学生都是活生生的人，他们是有自己的思想、情感和需求的。教育是帮助学生学会学习，赋予学习经验个体意义，促进学生的成长。因此，教师不应当将学生简单地看作教育对象，而应将其视为学习的主体，是整个教学活动的平等参与者。学习不再仅仅是简单的认知成分的参与，而是要使学生在学习过程中挖掘自身潜能和实现更全面、更充分的发展。教师在这一过程中，不仅仅是学生学习的促进者和帮助者，还应当是学生人格成长方面的促进者和帮助者。

三、我国高校英语教学模式的改革方向

（一）改变教学理念

1. 改变以教师为主体的教学思想

多年来，传统的英语教学模式均以教师为主体，采取填鸭式的教学，导致耗费时间较多，效率较为低下。因为这样的教学方式忽略了学生在学习过程中的参与，忽视了学生是学习主体的客观规律，束缚了学生的能力发展，与当前普遍认同的教育理念背道而驰，也背离了我国高校深化课堂教育改革的主题。因此在教学过程中，教师应当将学生作为整个学习的中心，努力培养其自主学习的能力。

2. 改变以传授语言基础为主的教学方式

英语词汇、语法等基础知识是一种积累，而听、说、读、写、译等应用能力则是在此基础上的提高。不具备一定的基础知识，语言的应用能力就是无本之

木，但是具有基础知识并不代表具有应用能力。学习一门外语的目的就是在实践中加以应用。只有改变传授语言基础为主的教学方式，在打好基础的同时注重语言的应用能力，才能满足社会对人才的需求。

3. 改变“授人以鱼”的教学现状

在传统的高校英语教学过程中，普遍存在“重知识、轻能力”的现状。包括语言在内的知识都在随着时代的进步不断更新，终身学习的理念已经得到国际教育界的普遍认同。只有改变英语教学中重知识的传授而轻视语言学习方法的状况，让学生学会学习语言，才有利于学生今后的不断学习与发展。学生只有学会了学习的方法，才能在无教师的情况下，自主学习，并进行自我的提高。

（二）创新课堂模式

传统的课堂模式因形式单一、班级人数较多等因素的制约，采取一刀切，很难尊重到学生的个体性和差异性，不利于不同学生个体的英语学习，因此应当对其进行创新。改进传统课堂模式的同时，应充分利用新型课堂模式。

1. 采用自主式教学

为了使学生更好地学习英语，为其今后继续学习打下基础，应当帮助学生进行自主、自觉、独立的学习。教师可根据学生实际情况，采取分级教学，并根据学生的不同情况，在课堂设计时充分考虑不同层级学生的需求，避免有的学生不够学，有的学生压力大。

2. 充分利用网络教学

网络教学不仅可以充分利用文字、图像资源，还可以有机结合声音、动画等，极大地提高了英语学习的趣味性，激发了学生学习英语的兴趣，增强了学生学习的主动性。网络教学可以由网络即时交际、网络资源检索、网络学习评价、休闲娱乐等多种方式组成。此类学习过程中，教师要加强对学生在学习过程中的引导、监督、反馈等。

3. 革新传统教学

虽然传统的课堂教学存在一定的弊端，但在其长期发展过程中积累了很多可取之处，不能仅仅因为创新就将其完全舍弃。因此要在采用各种新型课堂形式的同时，对传统教学进行革新，“取其精华，去其糟粕”，为学生学习英语创造和谐宽松的环境，不断提高教师教学技能，更新教学理念，多管齐下，提高高校英语教学成效。

（三）改革评价方式

长期以来，总结性评价模式将考试作为我国高校英语教学最重要的评价手段，这样的评价方式比较单一，不利于形成全面性、多样化的评价体系，也在一定程度上导致学生，甚至相当数量的教师重视考试结果而忽略语言能力的提高，更不利于高校英语教学模式的改革。《大学英语课程教学要求》就为教学评价改革提供了政策上的导向，它提倡高校英语教学评价从传统的终结性评价转变为形成性评价与综合性评价相结合、教师评价与学生评价相结合的模式。根据学习的本质，高校英语教学效果的评估更多的应是强调对学习过程的评价而不是对考试成绩的过分重视。同时，新的要求从之前注重语法、阅读为主转变为更加重视学生的听说能力以及语言的综合应用能力。这就将评价方式从传统的、单一的总结性评价方式转变为综合的评价体系。以往的评价方式主要注重结果，而新的评价方式贯穿整个教学过程，评价可以在平时教学过程中不断进行。这样综合、即时的评价能使师生快速得到反馈，教师可以根据反馈及时调整和改进教学过程中的不足，学生也可以更快地了解自己学习过程中掌握语言能力的实际情况。新的评价方式强调“考试应以评价学生的英语综合应用能力为主，不仅要对学生的读写译能力进行考核，而且要加强对学生听说能力的考核”；不仅仅是对学生的考核评价，还包括了对教师在“教学态度、教学手段、教学方法、教学内容、教学组织和教学效果”等方面的考核。学校应采用这样的评价体系，不像过去那样仅仅以期末考试或四、六级考试等考试成绩来评价本校的英语教学效果，而是更加注重提高教师的教学能力和学生的英语语言能力及个人的发展。

近年来，我国在高校英语教学方面有了显著的进步，尤其是在教学模式方面有了较大的发展，学生的英语水平也有了很大的提高。但世界各国往来更加频繁，我国也将不断深化改革开放，相应的，我国高校英语教学模式也必须不断改革发展，才能满足社会对人才提出的新要求。

第二节　基于建构主义的课程设计

课程设计也就是制定课程，包括制订教学计划（学校课程标准）、编写教学大纲（学科课程标准）和教科书。课程设计是将课程基本理念转化为课程实践活动的“桥梁”，其水平的高低是制约教育教学质量的一个重要因素。因而，有论者指出课程设计中应当处理好人的发展与社会发展的关系、认识与价值的关系、逻辑序列的关系以及传承与革新的关系。然而，在我国课程设计研究的历程中，课程设计虽已取得一定的成果，但仍存在课程设计理论不够成熟，课程设计理念研究与课程改革实践脱节等问题，进而导致课程设计中不能处理好人的发展与社会发展需求的关系、认识与价值的关系等，使课程设计研究的发展陷入尴尬境地。而建构主义的知识观、学生观、教学观、情境观等一系列思想为我国新课程改革中课程设计的改革提供了理论基础，且给课程设计实践以重要的启示。

一、基于建构主义的课程设计理念的转变

长期以来，在我国传统的课程体制下，课程设计研究未能立足于课程实践，未以解决课程实际问题为导向，而是游离于社会中心和学科中心之间，所以课程设计理念与实践相脱离，这就必然导致课程设计理论不能得到发展并走向成熟，同时实践问题也不能得到有效解决。

而在建构主义视野中，课程设计的理念是建立在其知识观、学生观、教学观、情境观四者有机结合的基础之上的，这为课程设计理念的转变提供了有力的理论支撑。

（一）由“静态”到“生成”：建构主义知识观

在建构主义看来，知识并非对认识对象的“镜式”反映，知识具有生成性，而并非静态的、绝对的。所有认识对象都是客观存在的，并且其自身也是随着环境的改变而不断发生变化，因而对认识对象的解释也是因时因地而异，而不是一成不变的，也没有“定论”可言。所有知识都有待于检验和反驳，对认识对象的解释也是动态生成的；认识者在认识对象的过程中也并非被动、消极地对事物做出“镜式反映”，而是主动积极地对其进行认识，其认识随着认识者自身知识面的拓展不断深入。认识者不是知识的主体和权威，更不是知识的客体。

这样基于建构主义知识观的课程设计，其设计的对象——知识不再是静态且绝对的，而是动态变化的。课程设计的目的不在于课程设计中包含或体现多少固定的知识，进而将其灌输给学生，而在于通过弹性地、灵活地设计课程，促进师生共同参与，让学生学会学习，学会创造和发现。基于建构主义知识观的课程设计，其设计本身也同知识一样，并非绝对的、客观的，而是生成的、弹性的。课程设计最终不是以“成品”的方式呈现出教学中所需的课程标准、教学大纲和教学内容，而是提供给师生一个参照，课程设计的具体内容更会随着教学活动的变化而发生改变。这与课程改革的目标是相符合的：改变课程过于注重传授知识的倾向；改变课程结构过于强调学科本位、科目过多和缺乏整合的现状；改变课程内容过于注重书本知识的现状。

（二）由“目中无人”到“以人为本”：建构主义学生观

建构主义颠覆了传统意义上将学生视为“白板”以及教学中完全的“目中无

人”的现象，认为作为教育对象的学生首先是一个“人”，同时又是具有多种特性的人。

1. 学生具有主体性

学生是参与教学过程的主体，正如当前课程观背后的哲学理念——“以人为本”所主张的以学生为本，学生的个性是自由的，因而应予以尊重。

2. 学生具有发展性

作为一个独立的个体，学生在学习的过程中完成其自身的发展，一步步走向成熟与健全。学生永远处在不断发展的过程中，甚至对于任何一个人来说，无论是从心理角度还是从生理上看，都是处在发展变化的过程中。换言之，生命不止，发展不止。学生的这种发展性为教育的开展提供了无限可能，教育应该为学生发展做好准备，为学生的发展创造良好的条件，以便于其挖掘和开发自身的潜能。

3. 学生具有完整性

所谓完整性，是指学生作为生命体而具有的生命整体性，因为人的生命是多层次、多方面的整合体。教育的真正功能在于让学生获取知识的同时，完善自身的人格，进而挖掘出自身潜在的灵感，在情感完美交融的过程中体验到生命的层次性和完整性。

4. 学生具有自身独特的个性

每一个教育者都应该意识到每一个学生都是一个独立且特别的个体，具有自身特有的个性，教育过程中要尊重学生的个性特点，充分调动学生的积极性和主动性。这就是教育教学过程中应遵循的基本原则——因材施教。

基于建构主义学生观关于学生特性的认识，课程设计应关照学生作为人所具有的各种特性来进行设计，而不能完全地“目中无人”“目中无生”。课程设计中要体现以人为本、以生为本的哲学理念，尊重学生的主体性与完整性，为学生的个性化发展创造良好的环境。因此，课程设计应由“自上而下”的方式转变为“自下而上”的方式，从学生的需要出发，从课程实践出发，调整课程设计方式。

（三）由“以教为主”到“以学为主”：建构主义教学观

建构主义教学观主张大力推进主体性教学，教学活动的重心由“教”转移至“学”，以“学”为主。教师并非教学过程中的唯一主体，教师传授知识的活动也并非教学活动的重心和主导活动，教学过程不是知识单向传递的过程。建构主义强调学生在教学过程中的主体地位，聚焦学生“学”的过程，强调教学过程是学生在教师的帮助下自己主动建构知识的过程，因而需要发挥学生学习的主动性和积极性，引导学生建构自身的知识体系。所谓知识的建构，一方面是指学生以原有知识经验基础去理解当前的新知识，即奥苏贝尔（David Pawl Ausubel）的“同化论”；另一方面指学生依据新经验对原有知识做出某种调整和改造，即“顺应”。这个建构过程只能由学生本人主动完成。学生建构知识的过程是学生在教师的指导与引领下，分析知识的合理性和有效性，深入理解知识的内在含义，结合自身已有的知识经验形成自己对知识新的解释和看法，而并非对知识进行浅层次的理解进而机械地记忆。

从这个角度看，建构主义教学观强调教学活动中学生是主体，教学过程中应给予学生尽可能多的独立且有效活动的机会，让学生在主动参与活动的过程中，建构自己的知识体系。基于此，课程设计过程中应充分尊重学生的主体地位，以学生的学为中心，在考虑从人类社会历史经验——科学和生活中选择什么、怎样组织和安排问题时，应将学生的需要、兴趣、个性特点和已有水平置于首要位置。

（四）由“抽象化”到“情境化”：建构主义情境观

建构主义强调在教学过程中，应将学生从抽象的知识体系中引出，引导学生进入真实的问题情境中，用生动、形象、真实的故事呈现问题与知识，进而启发学生思维。教学情境生活化、生动化，进而使教学内容由“抽象化”走向“情境化”，由“复杂化”走向“简单化”。建构主义所谓的“情境”必须具有真实性、复杂性、情节性等特点。

基于此，课程设计在制定教科书时，强调再现知识产生的背景和应用情境，营造真实生动的学习环境，进而实现学习效果的最优化。课程设计尊重学习的情境性有两方面的意义：一方面在于通过教科书知识编排的“情境化”，赋予看似复杂、抽象的科学知识以生动鲜活的生命气息，便于学生灵活理解和把握；另一方面，尊重情境性的课程设计必然强调“情境化”教学设计。只有在一定鲜活生动的情境中，教学才能顺应学生发展规律，并能滋润其情感，点燃智慧的火花。这要求教师在进行课程设计时应注意所选内容及组织编排内容时“留有余地”，以便于教学中灵活地运用情境。

二、建构主义视野下的课程设计实践探索

基于建构主义的知识观、学生观、教学观和情境观，课程设计过程中应坚持直接经验与间接经验相结合的原则、主观性与客观性相结合的原则、稳定性与动态性相结合的原则，课程目标由“具体”转向追求“模糊”，与之相应，课程内

容也具有“生成性”，因而得以扩充。

（一）建构主义视野下课程设计的基本原则

1. 直接经验与间接经验相结合

现代课程论倾向于把课程定义为“学生通过学校教育获得旨在促进其身心全面发展的教育性经验”。从建构主义的角度来看，这一关于课程的定义既强调学生的主体性，又强调经验的获得。建构主义知识观认为，所谓经验，应该也是不断生成的，包括直接经验和间接经验，即通过学习主体自身的实践、体验，将所学知识内化。完善自身的认知结构，这一过程实际上也是直接经验与间接经验相互综合、相互渗透的过程。在这一过程中，学习主体已有的知识经验及其自身实践、体验所得的经验为直接经验，而学校给学习主体提供的教育环境中包含的知识多为间接经验。建构主义指导设计课程中必须遵循直接经验与间接经验相结合的原则，因为它们都强调对主体经验和主体活动的关注。课程设计过程中应关照学习主体的直接经验，兼顾间接经验的选择、组织、安排，将二者合理联系起来，以便于提高教学效率。

2. 主观性与客观性相结合

建构主义者认为，课程本身及学生都具有主观性，课程是知识的表现形式，建构主义知识观的核心是“知识是主观性的存在，是学生个体经验的总结”，因而课程也具有主观性。建构主义学生观认为学生是独立的、有思维的活动个体，在课程实施中主动构建自身知识体系。从马克思主义唯物辩证法的角度看，学生本身就具有主观能动性。因而课程设计要尊重课程和学生的主观性。此外，课程设计的实质，就是从人类社会历史经验——科学和生活中选择什么、怎样组织和安排问题，人类社会历史经验是已经存在的，具有历史客观性；课程设计受一定文化环境的影响，文化环境是客观存在的；课程设计还受一定社会文化环境的影响，而社会文化条件也是客观存在的。因而课程设计要将学生主体的主观性与人类社会历史和存在的客观性相统一。

3. 稳定性与动态性相结合

建构主义强调以学生为中心的课程设计方向。基于建构主义学生观，一方面，学生在一定阶段具有相对稳定的性格特征和智力发展水平；另一方面，课程目标及教育的最终目标是促进学生经验的增长和个体的发展，同时课程设计要体现出动态变化。建构主义知识观强调知识是动态的、生成性的，但一定历史时期的知识也具有相对稳定性。基于此，课程设计既要有明确的对象和内容，制订相对稳定的教学计划（学校课程目标）及教学大纲（学科课程标准），又要尊重学生知识的动态生成性并顺应知识日新月异的时代发展背景，体现课程设计的灵活性。

（二）建构主义视野下的课程目标

课程目标是指一定教育阶段的学校课程力图促进该阶段学生的身心发展所需要达到的预期程度。课程目标是教育目的的转化，传统课程理论认为课程目标是课程结构的核心部分，一旦目标确定就不再改变，课程实施严格围绕目标进行，并且往往将目标着眼于学生对知识的掌握程度，这是较为狭隘的理解。建构主义情境观应用于课程领域，似乎“模糊”了以往的课程目标。建构主义者认为，课程目标是在教学过程中逐渐凸显的，而不是事先预设的；课程设计的过程中关于课程目标的设定可以是模糊的，或者是宏观的，而不是具体的；课程目标在于学生的知识、能力、个性的全面发展，在于培养学生的创新能力。此外，所谓“发展”，其本身就是一个“模糊”的标准，是动态生成性的发展的状态。

（三）建构主义视野下的课程内容

对课程理解的不同，会导致在课程设计过程中对课程内容选择的不同。建构主义知识观强调课程知识的动态性、生成性，强调教学是学生的主动性及其经验的建构。因而，在建构主义指导下，课程内容已打破原有的僵化、呆板的状态，也摆脱了“利用过去的教材，教导现在的学生，面对未来的挑战”的尴尬境地。世界在发展，人类在进步，以文化为基础的课程内容也应该不断扩充和更新。

建构主义在扩充课程内容方面的影响具体体现在以下两个方面：第一，建构主义改变了以往的课程资源观。新课程改革下的课程资源观表现为：生活世界处处有课程资源；教材、课程标准是基本而特殊的课程资源；教师、学生是重要的课程资源；教学过程是课程资源生成的过程。第二，建构主义影响了课程内容的选择。传统的课程观认为课程内容选择的主动权在课程专家和教师手中。建构主义强调学生的主体性，学生也有选择课程内容的权利，并且应该是确定课程内容的主体。课程目标在于促进学生知识能力、情感等各方面的发展。课程内容的选择也应依据学生的兴趣、发展方向而定。课程内容选择权的扩大化，必然有助于扩充课程内容。

在新课程改革中，建构主义与课程相结合是必然的。一方面，这是建构主义发展渗透到各个领域的必然趋势；另一方面，这也是课程改革中不断探索新途径解决课程发展中存在的问题的必然要求。课程设计是新课程改革的一个重要方面，建构主义知识观、学生观、教学观、情境观等思想主张渗透到课程领域，不仅为课程设计理念的转变提供了有力的理论支撑和依据，而且为课程设计实践提供了工具性的方法指导。

第三节　多模态与高校英语教学的融合

一、高校英语多模态课堂教学理论基础

（一）哲学基础

1. 主体间性哲学观与间性理论

19世纪末20世纪初，西方哲学开始转向现代语言哲学，在某种意义上，这种转向标志着主体性哲学转向了主体间性哲学。“间”意为“在……之间”，从本体论来说，“间”揭示了主客观事物存在的普遍方式——主客体都不可能孤立地存在，主客体只有在相互“之间”的作用与影响中才能生存。间性的概念最早源自生物学研究，因在神经心理学、认知科学等领域的相关研究和发现而备受关注，逐步应用于哲学、美学、文学、艺术、教育等人文学科，并成为一种新的理论共识。所谓间性，主要指一般意义上的关系或联系。间性理论作为主体间性、语言间性、文本间性、文化间性、媒体间性等诸多理论观点的综合，强调“你中有我，我中有你”，其哲学理论基础是主体间性。作为20世纪西方哲学凸显的一个范畴，主体间性理论是一种反主体性、反主客二分的近代哲学思想和思维模式，强调主体与客体的共在性、平等性，关注主体间对话沟通、作用融合及不断生成的动态过程。

尽管作为当代哲学的世纪之谜，主体间性的理论视角具有自身的缺陷和局限性，但其已经成为不同研究领域和研究方法的交汇点，并逐步衍生出一系列基于主体间性哲学观的理论视角，如媒体间性、语言间性、文化间性、文本间性等。间性理论为美学、文学、文化学、社会学等各学科研究，特别是为跨学科研究提供了哲学基础，也为英语教育研究开阔了新的视野。

除了以上所讨论的主体间性的基本概念以及间性理论中“你中有我，我中有你”的哲学内涵，其他相关概念如媒体间性、语言间性、文化间性、文本间性等也是学界所关注的重点。

媒体间性，有时也称作媒体相互性，指的是现代媒体的相互关联，即媒体之间从信息内容到技术形式基于社会间性的综合、整合、转换与演变。所有媒体都兼具个性与共性，媒体间性就是媒体以共性为基础的个体差异性之间的桥梁。新媒体强化了师生主体之间、学生主体相互之间的主体间性，新媒体的多向性和互动性也加速了主体间性的进程。

语言间性是指语言的指称功能、意动功能、交感功能之间表现出的不协调和错位。换句话说，语言间性是指语用双方主体在沟通过程中客观存在的空间障碍。语言内在的差异性会带来语用双方理解度的波动性，而这种波动则预示了语言系统的二元性特征（即开放性和封闭性并行），从而决定了语义的二元性。语义的弹性特征导致了语用双方的沟通仅仅只是一种可能。作为二语习得研究领域中一个相当重要的概念，中介语就是语言主体间性的一个主要表现，中介语是第二语言学习者在第二语言学习中形成的一种特定的语言系统，这种语言系统在语音、词汇、语法、语用等方面，既区别于母语，也不同于目的语，而是一种随着学习的发展向目的语的正确形式逐渐靠拢的一种动态的语言系统。

文化间性，也叫跨文化性。间性思维模式应用于文化学领域便派生出文化间性问题，从某种意义上讲，文化间性就是西方哲学中的主体间性问题在文化领域的具体体现，它体现了从属于两种不同文化的主体之间及其生成文本之间的对话关系，表现出文化的协同共存、交流互动和意义生成等特征。在高校英语教学中，通过文化间性研究，有助于加强线上的跨文化素养。

教育技术与高校英语课程的整合充分体现了间性理论作为现代英语教育哲学基础的重要性。教师、学生、教学内容、教学媒体四大要素不是简单、孤立地拼凑在一起，而是彼此相互联系、相互作用而形成的有机整体。在现代信息技术条件下，现代教学媒体的作用越来越显著，它改变了其他三大要素及其之间的关系，极大地提高了系统内部各要素之间信息传递和转化的效率。

首先，对于教师主体来说，教学媒体是组织、实施教学的一种重要工具，恰当的媒体运用可以减轻教师的常规工作，促进教师与学生主体之间的互动；对于学生主体来说，媒体则是一个认知和交流的工具，有利于学生有效地获取知识、发展认知能力、提高认知水平；根据主体间性，教师主体与学生主体之间具有显著的交互性，学生主体的中心地位离不开教师主体的主导作用，这是“以学生为中心、以教师为主导”教学思想的哲学基础。

其次，在现代信息技术条件下，师生主体都是具有一定媒体素养的人，而且往往具有一定的不平衡性，由于信息技术的迅猛发展，学生的信息素养可能会优于年龄较大的教师，在教学过程中学生可能会在新技术应用方面发挥着重要的作用，影响着教师主体及教学结构的取向。

最后，新媒介条件下，教学内容资源化趋势明显，教材也从传统的单一的印刷图书转变为立体化的教学资源，教学内容更具多样性、易于获取性，在媒体形式上呈现出多元化、数字化的发展趋势。

2. 间性理论指导下的多模态课堂教学原则

(1) 基于主体间性的交互性教学原则

坚持主体间性的语言观和英语教学观有助于还原英语教学的本真特点。主体间性所提供的新的哲学范式和方法论原则，将对英语教学的目的、过程和师生关系等产生积极而深远的影响。在英语教学活动中，教师和学生是活动的主体，以课程、教材及其他教学资源为载体的教育内容构成他们共同作用的客体，其实践结构的模式是“教师—教育内容—学生”。

主体间性理论的实质是主体交互性，目前我国高校英语教学中普遍遵循的“教师主导、学生主体”的教学原则就是主体间性理念的重要体现。一方面，主体间性理论强调主体间的主观性和能动性，重视文化深层交流中体现出来的人性；另一方面，主体间性理论并非完全否认主体性，而是认为主体性应该建立在主体间性的基础之上，给我们的启示是，既要强调主体互动，又要注意学生个性差异。教育活动是学生的主体性和主体间性的统一。

(2) 基于媒体间性的多模态教学原则

探讨媒体间性，有利于课堂教学媒体、模式和模态形式的创新，媒体间性本身不是一个新生事物，随着新媒介时代的到来，媒介融合日益深化，人们越来越关注媒体间性的研究。

媒体间性通常有三层含义：第一，不同媒体的综合与配合，即多媒体；第二，同时运用几种模式的交流，即多模态；第三，具有构件属性的媒体之间相互融合、相互依赖的关系。因此，多媒体、多模态、超文本性等都是媒体间性的重要体现，它们改变着人类关于识读能力的界定和标准，因而也改变着教学理念、教学手段和教学方法。新媒介为学生创造了无处不在的学习环境和立体化、数字化的“泛在学习”模式，为课堂教学注入了新的活力，强化了学习意义系统，扩展和改善了人际社会互动，构建了丰富的学习生态环境和学习文化。

多模态化不仅是教学媒体的表征，更是交互性原则和跨文化原则在教学实践中的实现。多模态教学极大地丰富了英语教学资源，拓展了意义表达的方式，促进了教师角色的多元化和教学资源的数字化。信息技术的不断更新，为学生创造了立体化、数字化学习环境，使学生可以利用多媒体机房、语音教室、手机、平板电脑等进行学习。教师必须与时俱进，积极探索多媒体、多模态的教学与研究。

经济全球化、交流信息化、文化多元化和语言多样性的背景下，新的交际媒体正在重塑我们使用语言的方式。为了满足现实生活、学习、工作的数字化需要，学生要熟练地进行多模态的交流，学会运用多媒体收集和分析信息，还要学会运用故事、报告等不同的文体以及书面、视觉、口头、色彩等多种模态，开展有意义的数字化学习和交流。数字化交流远远超越了传统的文字和文本模态，还可包含静态图表、画面、动画、色彩、音乐、录音等。多模态化是数字化英语教学的重要特征。高校英语教学面临着向数字化、多模态的教学转型。

（二）教育学与心理学理论基础

1. 高校英语教学研究的学科定位

英语教学的实践一再证明，语言教育是一个由各要素组成的多层面立体结构，除语言这个要素外，还与教育学、心理学、社会学等直接相关，涉及教材、教师、学生、教学目标、组织管理等诸多内容，远非语言学所能涵盖或取代。基于“教育学—各学科的教学—英语教学”这样的路线图，英语教育应当归属于教育学，而不能简单地把英语教学划入应用语言学的范畴。把英语教学纳入教育学的范畴，出发点是教育实践，重点是语言在教学过程中所起的作用，正是这些重要特征使得教育语言学成为一门独立的学科。从教育语言学的理论视角研究高校英语教育教学，无论在理论上还是在实践中都更具合理性。

2. 认知负荷理论

认知负荷理论是继建构主义理论后又一个对教学起着重要指导作用的心理学理论。根据认知负荷理论，认知图式组织并储存人类知识，极大地减轻了工作记忆的负荷。而新信息必须在工作记忆区进行处理，以便建构图式，通过反复成功地应用，图式就会自动化。在工作记忆区处理信息的轻松度是认知负荷理论最关注的问题。认知负荷理论认为教学的主要功能是使学生在长时记忆中存储信息。知识以图式的形式存储于长时记忆中。长时记忆中的图式是一种知识框架，在学习新的材料时，具有中央执行官功能。在学习新材料时，如果能从长时记忆中获取这类知识框架，材料就可以通过知识框架所提供的方法来进行学习；如果不能获得关于这些材料该如何组织的知识框架，则须采取随机学习的方式。

认知负荷是表示处理具体任务时加在学生认知系统上的负荷的多维结构。这个结构由反映任务与学生特征之间交互的原因维度以及反映心理负荷、心理努力和绩效等可测性概念的评估维度所组成。可能会影响工作记忆负荷的因素主要包括：学习任务本身的内在本质（内隐认知负荷）、呈现任务的方式（外显认知负荷）、学生自愿用于图式建构和自动处理的认知资源量（关联认知负荷）。教学过程中，外显认知负荷给学生带来问题的程度主要取决于内隐负荷。如果内隐负荷强度大，就必须降低外显认知负荷；如果内隐负荷低，因不恰当的教学设计而造成的高度外显认知负荷就可能不造成伤害，因为总体认知负荷没有超出工作记忆的极限。进而，如果内隐和外显认知负荷的总量还留有额外的处理信息容量余地，就有必要鼓励学生将适当的认知负荷投入学习中，特别是用于图式建构和自动操作。

3. 学习理论

现代科学发展的特点之一是学科交叉影响，互相渗透。教育心理学是教育学和心理学的交叉学科，学习理论研究是教育心理学的核心内容，对高校英语教学与研究具有重要的指导作用。20世纪以来，关于学习运行机制的研究，涵盖了行为主义、认知主义、建构主义、社会建构主义和联通主义等理论流派的发展演变。20世纪经历了数次主流学习观的变迁：从行为主义学习理论的知识习得观，到建构主义的知识建构观，再到社会建构主义的参与观（或社会协商）。行为主义、认知主义和建构主义为英语教学整体研究提供了坚实的理论基础。

行为主义学习理论把学习看作是“刺激—反应”过程。用这种学习观指导语言学习时，强调语言技能训练的重要性，认为语言学习就是以“刺激—反应”为原理而形成的机械性语言操练，是语言知识的灌输，其目的是使学生形成一种语言习惯。即使在计算机网络辅助英语教学很发达的今天，行为主义学习理论依然在一定的学习阶段，特别在语言技能训练方面，发挥着积极的作用。

在新媒介时代学习环境构建中，最容易把技术作为中心而忽略了学习的中心地位，以技术为中心的设计侧重技术能够做什么，技术是教学的工具，其目标是使用技术辅助教学。所以，多媒体学习认知理论强调以学生为中心的设计，关注大脑学习的机制，关注学习、记忆的效果，而仅把技术当作学习的助手，其目标是运用技术促进学习有效性。

4. 英语教育技术学

教育技术学是把应用新的技术、手段和方法来优化教学过程和教学资源作为研究对象的学科，是具有方法论性质的学科。在我国，教育技术学已经发展成为一门独立的学科。信息技术与课程整合研究的发展，使英语教学形成了新的教育信息化教学范式。按照库恩（Robert Kuhn）的范式学说，新范式的形成和转换意味着一门新学科的形成。作为一门独立的学科，英语教育技术学的建设刚刚起步，有一系列的理论问题需要我们不断地探讨，从而运用该学科理论研究成果，探索英语课程与教育技术整合的新模式、新方法、新环境，进而在实践中不断丰富和完善英语教育技术学科体系。

（三）语言学理论基础

1. 中介语理论

中介语理论是在认知心理学的基础发展起来，石化现象是普遍存在于中介语习得过程中的一种心理机制，与语言形式的正确性没有关系，换言之，正确的和不正确的语言形式都会石化。石化现象的产生，既与特殊的社会文化环境有关，也与英语学习者本身素质相关联；既与固定模式化的教育体制和不恰当的教学方法有关，又与英语学习者的认知心理偏差相关联。学习过程中，内外因的共同作用导致了学生大脑中语言知识的固化。为此，我们要用科学理性的眼光和宽容的态度来看待学生的语言错误，辩证地看待和理解中介语和中介语石化现象，这将有助于我们进一步认识控制石化现象的潜在的内部机制，提高二语教学效率。研究还发现，汉语水平变量通过直接或间接路径对学生的英语写作能力产生影响，其中汉语写作能力、汉语词汇能力和汉语语篇能力对英语写作影响显著；英语水平在汉语能力变量向英语写作能力的迁移中起着制约作用。

2. 计算机辅助语言教学

计算机辅助语言教学是探索并研究计算机应用于语言教学的科学。媒体技术在我国高校英语教学中的应用和研究源远流长。二十世纪七八十年代，高校英语教师手提录音机到教室开展听力教学似乎是件新鲜事；20 世纪 90 年代初开始，高校语言实验室的普及大大促进了听力、口语、写作和翻译教学；20 世纪 90 年代末，网络语言实验室成为高校改善英语教学条件的主要标志；21 世纪初以来，全国高校英语课堂教学几乎全部使用多媒体课室，同时，各校纷纷建立网络英语自主学习中心，形成了多媒体课堂教学与网络自主学习相结合的高校英语教学新局面。

计算机辅助语言教学的发展表明，英语教学与教育技术应用之间的关系特别紧密，教育观念的更新与教育技术的发展之间呈现出相互作用、不断融合的态势。近年来，多媒体、多模态教学理论的探讨和应用，有力地推动了教育技术与英语整合的研究和探索，是英语教学研究的热点。

二、高校英语多模态课堂教学设计模型建构

（一）多模态研究相关概念

1. 多模态

多模态指的是通过整合、编排或编织多种不同模式的符号资源而形成一个语篇。从人类感知通道的角度看，多模态就是同时使用两种或两种以上的模态。人

类生活在多模态的世界里，通常都是运用多模态来感知和交流的。例如，学生在课堂上学习，一边听教师讲（教师的“言语”模式所对应的是学生的“听觉”模态），一边看教师的动作演示和在黑板上的板书（教师的“手势、姿势”和“书写”等模式所对应的是学生的“视觉”模态）。值得注意的是，有些模态，按照感知模态的划分标准，只是一个单模态，却涉及两种或两种以上符号系统，也就是说，按照符号系统多少的划分标准，这些模态也是多模态的。

2. 多模态话语

多模态话语是相对于单模态话语而言的。根据话语涉及的模态数量，只有一种模态的话语是“单模态话语”，如广播仅涉及听觉（言语）模态，一份文字通知仅涉及视觉（语言）模态。同时涉及两种或两种以上模态的话语就是“多模态话语”。根据社会符号学，多模态话语则指在一个交流成品或交流活动中不同符号模态的混合体，或者说，在一个特定的完整的话语中不同的符号资源协同地构建意义、实现交际目的。张德禄则通过整合模态的两个不同标准，把多模态话语定义为“运用听觉、视觉、触觉等多种感觉，通过语言、图像、声音、动作等多种手段和符号资源进行交际的现象”。

3. 高校英语课堂话语的多模态属性

随着现代信息技术的日新月异和人类交际模式的日趋多样化，话语的多模态现象日益显著，这就是话语的多模态化。话语的多模态化反映了媒体形式的多样性、人类活动的多维性、人脑结构的完备性和复杂性，以及人类认知的多模态性。作为现代话语的一个突出特点，话语的多模态化在课堂教学话语中表现更加突出。在基于计算机和课堂的多媒体教学模式中，高校英语课堂话语具有典型的多模态属性。这是现代信息技术与高校英语课堂教学整合的结果，也是高校英语教师更新教学观念的结果。

（二）MAP应用于高校英语多模态课堂教学设计应当遵循的原则

1. 以“3M”为教学条件，彰显媒体间性，促进“教”与“学”

在计算机与高校英语课程的整合中，“3M”（即多媒体、多模式、多模态）是教学媒体要素在新媒体时代的重要表现，充分彰显了媒体间性的作用。基于MAP（（Multimodal Apple Pie，多模态苹果派）的高校英语课堂教学设计要充分发掘媒体间性的作用，在充分发挥教师主导作用的同时，真正体现学生的学习主体地位，最大限度地促进“教”和“学”。首先，教师要主动运用多媒体、多模式教学手段，丰富教学资源，创建数字化学习环境，改进课堂教学效果。其次，要充分发挥学生作为数字原住民的优势，引导学生有效利用良好的教学资源和数字化学习环境做好课前预习，并为学生课堂学习设计恰当的任务，让学生在各种学习活动中积极主动学习新知识、新技能。

2. 以 PIE 为整体原则，强化参与互动，追求有效教学

PIE 代表有效性（Productive）、互动性（Interactive）和参与性（Engaging）这三个原则，在 MAP 模型里，被视为一个整体原则。根据多媒体、多模式、多模态课堂教学的特征，以主体间性、媒体间性和文本间性的思想为引领，通过交互式教学，强化学生参与度，追求课堂教学的有效性。多媒体、多模式、多模态课堂教学并非等同于有效教学。课堂教学娱乐化也是多媒体教学需要警惕的一种现象，缺乏互动性、效率的多媒体课堂教学在高校英语教学实践中也相当普遍。

3. 以 APPLE 为要素，加强教学设计，实施多模态教学

基于 MAP 的教学设计主要是利用多媒体、多模式、多模态教学优势，把 PIE 整体性原则贯穿于课堂教学组织的 APPLE（Activation、Presentation、Peer Learning、Learning Reinforcement、Evaluation，即启动、演示、同伴学习、学习强化、评价）设计中。APPLE 的教学设计以间性理论、社会建构主义学习理论、输出驱动假设、多媒体学习认知理论、情境认知理论等为指导，突出教学设计的整体性、教学主体的互动性、教学的多模态化和跨文化性。APPLE 代表五个教学环节或者教学组织形式，它们之间相互支撑，根据教学内容和对象，每节课的设计在五个方面可有所侧重，可以重新组合或者取舍。

4. 倡导社团实践，加强课外学习，创新学习文化

在基于计算机和课堂的多媒体教学模式中，网络自主学习与协作学习是高校英语课程教学的重要组成部分，倡导社团实践有助于加强课外学习效率，有助于创新协作型高校英语课程学习文化。社团实践的学习理念充分体现了主体间性、文化间性和媒体间性的思想和原理，为高校英语课外学习提供了丰富的学习理念和方法。

高校英语教学改革的关键是教师，必须充分调动教师主体的积极性和主观能动性。在教学过程中，与这些伴随着数字化发展而成长起来的学生相比，任课教师的信息素养还普遍较低，多模态教学改革对高校英语教师具有相当大的挑战性。这也是主体间性视角给教学管理者的提醒。在数字素养发展不平衡的师生主体之间，教师必须率先改变观念，主动为创新教学模式“放下身段”，乐于与学生合作，共同提高多元识读能力，充分利用多媒体教学条件，最大限度地调动和促进学生的多模态学习，使学生不仅通过听觉、视觉等模态加强信息输入，还作为交流主体，通过口头、书面、电子和身体动作等交流模式，强化反馈、互动等

输出机制，实现有效的语言学习。

三、MAP在高校英语课堂教学及其评价中的应用

(一) 基于MAP的高校英语课堂教学设计

1. 基于MAP的高校英语教案设计

教学设计是课堂教学成功的基础。高校英语课堂教学设计应该遵循教育学、心理学和语言教学的规律，其任务是根据高校英语教学要求、标准及学生学习实际，合理把握教学观念、教学模式、教学技术、教学技巧等因素，对教学目标、教学内容、时间安排、教学方法、课堂组织、教学媒体、学习活动、学习评价等做出明确的规划与设计。为了使教学设计规范化，我们在基于MAP的高校英语课堂教学实践中，要求课题组成员在教学过程中，按照“MAP课堂教学设计表”制作教案。“MAP课堂教学设计表”不仅包含了常规教案的要件，如章节、课时、教学目的、教学重点难点、教学过程、教学评价等，还要求课题组教师在教案中，明确MAP设计要点，并在教学过程完整设计中，根据每部分设计重点，酌情注释“MAP要素”并进行必要的MAP设计分析。

实践证明，要求在教案中对MAP要素及设计思路进行备注，使教师们更加有意识地聚焦MAP课堂教学设计原则和方法，不仅为课题研究积累了丰富的教学改革经验和资源，也促使课题组教师不断深入学习和研究。

2. 基于MAP的高校英语教案评价

MAP中的M既可用来指三个M开头的单词：媒体、模式、模态，也可用来指课堂教学中不可或缺的三个“多”：多媒体、多模式、多模态。M代表着多模态教学模式的基调，它凸显了教学媒体在高校英语课堂教学中的作用，也借助媒体间性的作用极大地改善了课堂话语的模式，优化了学生习得语言的模态，是基于计算机和课堂的高校英语教学模式评价中的重要观测点。

我们知道，英语课堂教学中学生动用的主要模态是听觉、视觉两种，但这主要是针对语言输入的方式，而决定英语教学有效性的一个重要指标是参与度，我们更应当关注学生的语言输出，特别是在目前我国高校英语教学中被普遍推崇的输出驱动教学中，学生要用口头、书面、电子、身体动作等话语模式进行语言输出活动。

评价高校英语课程教案的另一个重要观测点就是PIE教学原则在教学流程、教学活动中的落实情况。PIE指高校英语课堂教学设计和评价的核心原则，即以互动性、参与性为代表的有效性原则。

（二）高校英语课堂教学评价

1. 高校英语课堂教学评价的意义和功能

课堂教学评价是提升高等学校教育质量的重要手段，而课堂教学评价标准的确定又是实施课堂教学评价的关键性环节。绝大多数学校没有制定适合英语教学的课堂评价标准，评价指标通常都集中在教师的“教”，而对学生的“学”关注不够。高校英语教师课堂教学评价应当根据高校英语教学要求、教学规律、教学原则及课堂教学目标，运用科学的评价技术、手段和方法，对教师课堂教学效果和课堂教学目标的实现程度做出价值上的判断。高校英语课堂教学的评价标准应突出高校英语课程特性，应当科学、有效地实施教师课堂教学评价，促进教师专业发展，提高高校英语教育教学质量。

传统的课堂教学评价通常以校方主导的教学督察为主，以学生学期对教师课堂教学的总体评价为辅，评价结果将作为教师评先评优、职称晋升等的重要参考。针对某一节课的教学评价，评价主体多为领导和同行教师，评价对象为教师及其课堂教学。在高校英语教育教学深化改革的背景下，高校英语教学部门越来越重视高校英语师资队伍建设，把日常课堂教学听课评课制度化，把讲课观摩比赛常规化，不断加强教师专业发展，改革教学模式，改进教学效果。

高校英语课堂教学评价具有评定、改进、激励等功能。在高校英语教育教学改革中，教学主管部门应当充分发挥听课评课的功能，通过评定和激励功能，重在改进。实践证明，科学、公平、合理的课堂教学评价，有助于调动教师参与教学改革的积极性。通过课堂教学评价，可以了解教师课堂教学的质量和水平、优点和缺点等，通过课堂教学评价所提供的反馈信息，使师生明确教学目标的实现程度，明确课堂教学活动中所采取的形式和方法是否有利于促进所规定的课堂教学目标的实现，提高教学设计的意识和水平，积累经验以便在以后的教学中更好地完成教学任务，不断提高教学质量。

2. 基于MAP的高校英语课堂教学评价

开展课堂教学有效性评价工作，必须从教学系统四要素及其相互关系出发，特别要从高校英语多模态课堂教学实际出发。与常规课堂相比，高校英语多模态课堂教学是ICT（Information and Communications Technology，信息与通信技术）教学技术与高校英语课程的整合、融合，它遵循“教师主导—学生主体”的教学结构，采用“自主、探究、合作”为特征的教与学方式，为学生构建一个新型的学习环境。所以，评价高校英语多模态课堂教学的效果，不能只停留在传统课堂教学评价的层次，必须充分考察教学媒体的重要作用，从信息技术与课堂教学整合的视角来看待。

根据MAP原则模型关于高校英语多模态课堂教学设计的原则和特点，对一节课的教学评价，应当站在主体间性的哲学高度，从教师、学生两大要素出发，而将教学内容和教学媒体的评价分别融入教师、学生两大要素的评价之中。

新媒介时代背景下，教学媒体在教学系统四要素中的地位和作用毋庸置疑。但是，我们绝对不能陷入技术决定论的陷阱，因为媒体间性必须以主体间性为主导，表面上的技术主导，在事实上是以主体参与为前提的主导，是主体间性与媒体间性的融合所呈现出来的客观教学现象。因为真正能给教学带来变革的，不是技术，而是先进的教学理念和方法。因此，在基于计算机与课堂的高校英语课程教学环境下，教师一定要把握住以促进“教”与“学”为根本宗旨的听课评课原则，树立正确的听课评课观念，心中始终装着“学生”，关注教学的效果。

听课评课活动是教师行动研究的重要途径，其最终目的在于不断从听课评课活动中吸收营养、改进自我行动。听课评课后的创造性应用与实践，对于执教教师和观摩听课教师都具有重要的意义。教师是一个在实践中学习、反思、成长的专业群体，由外而内的意义建构对于教师的专业发展来说是一个必经的途径。经过听课后的认真思考以及评课的同行交流，教师可以在后来的教学实践中，结合自身的理解、风格、特点等，对于听课评课中的收获进行创造性地改造、应用，并进一步反思、再探索、再体验、再研究，以此类推，不断提高。通过听课评课活动，教师能够获得不同的思想交流、不同的观点碰撞、不同的经验分享和不同的设计借鉴，这些都是难得的学习资源和成长借鉴。

第四节　语料库语言学应用于高校英语教学

一、语料库在英语词汇教学中的应用

（一）语料库与语料库语言学

语料库就是对海量自然语言材料进行处理、存储、检索、索引以及统计分析的大型资料库。尽管早在18世纪人们就开始尝试建设语料库，但由于技术手段的限制，在很长一段时间，它的发展缓慢而艰辛。随着计算机处理速度的飞速增长以及存储能力的扩大，语料库建设和基于语料库的语言学研究在近二三十年里取得了飞速的发展，日益成为语言学界关注的焦点。特别是在方便、迅捷的计算机定位检索管理软件的有力支持下，语料库在容量增大的同时，功能也变得越来

越强大。通过对存放在计算机里的大量真实语料的检索分析，研究者可以获得构词、搭配、语境、修辞等多方面丰富的语言信息。

在教学方面，语料库以其宏大数据库为基础，为编写辞典、语法书及各种教材提供了海量而又鲜活的真实语言原料。近年来，语料库在教学中的应用日益广泛，涉及词汇大纲和教材编写、词汇教学、语法教学、语篇章分析、错误分析、机辅语言学习、机器翻译、语言测试及学生自主学习能力培养等。

（二）语料库在高校英语词汇教学中的应用

1. 利用语料库进行词语搭配教学

搭配是在文本中实现一定的非成语意义并以一定的语法形式因循组合使用的一个词语序列，构成该序列的词语相互预期，以大于偶然的概率共现。词的意义不是孤立的，能从与它结伴同现的词中体现出来。词项的结伴规律、结伴词项间的相互期待与相互吸引、搭配成分的连接关系等都是词语搭配的形式属性，都是词语搭配研究的重要内容。

利用语料库进行词语搭配教学，学生可以直观地学习词语的典型搭配。如通过考察absolutely在BNC（British National Corpus，英国国家语料库）语料库中与形容词搭配的相关信息值，就可以发现与absolutely显著搭配的形容词分别为：表确定的词，如sure、certain；表正确的词，如right、correct；表美好的词，如brilliant、wonderful、delighted、perfect、fine、gorgeous、fantastic；表必要的词，如unnecessary、essential、crucial、vital等。

教师可以用语料库客观地分析学生的用词搭配。研究工科学生在英语写作中get的使用，结果发现：在“get＋adj”结构中，get作为“系词”使用。据此，学生能用词具体准确，充分表达句子的意义，如get more beautiful、get familiar with、get addicted into、get hooked on等。而对“ge＋n”结构，学生选择最多的搭配词是information、news、date、mail等，但也有少量搭配词不地道或者属于中式英语，如get answer、get feelings、get the entertainment等。可见，凡是表达“得到、获取”之义时，学生都视为“万能动词”，认为该动词适合各种语境，能行使各种功能。这说明学生词汇量有限，不能借助不同词表达同一概念或意义；同时也反映出学生对get一词的内涵缺乏深入的了解。至于get的固定搭配，高频率出现的是get and of、get into the cyber trap、get the best use of、get away from、get contact with、getting on等。总的来说，学生对get一词的掌握不够深入和全面，表现为缺乏多样性和灵活性。

2. 利用语料库进行语义教学

语义韵是语料库语言学研究的重要课题，可分为积极、中性和消极三类。在消极语义韵里，关键词吸引的词项几乎都具有强烈或鲜明的消极语义特点，使整个语境弥漫一种浓厚的消极语义氛围。积极语义韵的情况正好相反——关键词吸引的几乎都是具有积极语义特点的词项，由此形成一种积极的语义氛围。在中性语义韵里，关键词既吸引一些消极含义的词项，又吸引一些积极含义或中性含义的词项，由此形成一种错综的语义氛围。

（三）语料库研究对英语词汇的教学作用

1. 通过词频的统计研究，量身打造不同阶段英语学习者的必备词汇

词频统计研究最直接的应用就是编制词频表，以此来确定不同等级的高频词汇范围与数量。英语初学者只能把有限的精力投入学习最常用的词汇最常用的词汇。并非凭知觉和主观经验判断来确定的词汇，而是基于语料库的词频统计研究得出的高频词汇。由此，词频统计研究直接作用于词汇教学中，对“教什么样的词”的决策，是客观有效的。

除了最常用的词汇以外，还需要学习和掌握的词汇要取决于学生使用英语的目的。不同英语使用目的都有相应的专业词汇，只有学习和掌握了基本高频词汇与相应专业词汇，才有可能进行相应专业的学习研究与运用。

高频词表极具价值，一方面，帮助确定词汇教学的内容，找出教学重点，安排教学次序，为教师与学生提供各种有效参考；另一方面，满足不同学生的需求，获得学习英语词汇的最佳回报，从而增强英语词汇学习的信心和浓厚的学习兴趣。

2. 通过词语的搭配研究，准确使用英语词汇

词语搭配是语料库的词汇研究中最活跃的领域，处于语料库语言学的中心地位。搭配是词语经常一起使用的方式。“经常”（regularly）的含义是：词汇项目在文本里反复共现，同时出现，体现出一定的典型性，而不是一种可能性。通过词语搭配研究，可以获得限制词语同时使用的一些规则。如哪些前置词与特定动词同时出现，哪些动词与有关名词同时出现等。

比如：通常用 do 与 damage、duty 以及 wrong 等搭配而不与 trouble、noise 和 excuse 搭配。因此说 do a lot of damage、do one’s duty，而 make 则与后者搭配构成 make trouble、make a lot of noise、make an excuse。显然，在人们实际使用语言的过程中，词项并非随意组合出现，词项的搭配是遵循一些约定俗成的规则的。词语搭配是一种意义方式，在词项的结伴和共现中，它们总是相互期待

和预见的。

长期以来，人们都比较注重词语的搭配知识信息，因为这是词汇教学的一个重点，也是难点。但在实际的词汇教学中，往往是在呈现词语的音、形、义以后，介绍与目标词语相关的词组、短语，而很少涉及其他方面的搭配形式。这样一来，存在两个方面的问题。

第一，这些与目标词语有关的词组或短语大多是基于词典知识，或者从自己的已有经验中提取出来的搭配形式，它们在语法上是正确的，但是否在日常生活中得到广泛的使用却不得而知。例如，大家知道 rain cats and dogs 是大雨倾盆之意，几乎在所有的英语词典里都列举了这一搭配，并且教师在教学中大多会提到它。但是在现代英语中，人们已经几乎不使用这个搭配了。在 1000 万词语的口语语料库中，它一次也没有出现过，在 9000 万词的书面语料库中，只出现了一次。所以，学习此类过时的搭配已不具备实用意义，因而没有太大价值。再如，以名词 survey 为例，常用词典都列出 make a（general） survey of 的搭配。但通过对 200 万词的语料库的检索，发现这种搭配一次也没有出现。而常见的搭配是 carry out a survey，并且被动用法远远高于主动用法。

第二，搭配的概念范围太狭窄。词语的搭配就是“习惯性共现的词语”，它们不仅仅指 last week、another one 这样的词组，还应包括诸如 although the 或 and the 这样的组合。因此，在词语搭配时，要充分考虑“习惯性共现”的各种可能的情况，不仅仅局限于约定俗成的词组。显然，解决以上两个问题的途径都在于以语料库为基础的词语搭配研究。教师利用现代计算机技术，可以迅速方便地从包含数百万甚至上千万词的语料库中，把某个词或短语出现的全部实例检索出来，并且统计出该词或短语出现的频率。这样，教师能更准确全面地建立词汇之间的关系，认识各种语言形式在实际交际中的意义和用法，一方面突破词组、短语的局限，获得比较全面的词语搭配信息；另一方面去除那些过时的无用搭配，学习现实生活中真正高频共现的词语搭配，减少词汇教学中呈现词语搭配的随意性与局限性，提高词汇学习的质量和效率。

3．通过提供词汇句法层面知识信息，正确运用句法

词汇教学的内容包括词汇形式、发音、拼写、词根、词源、使用词汇的语法规则、搭配、功能、意义等多个方面。显然，在如此丰富的内容里，除了基本的音、形、义之外，还有非常重要的关于词汇的句法方面的知识信息——“使用词汇的语法规则”和“功能”。因此，词汇教学的范围并非局限于“词”的框架，而应该拓展到“句”甚至是“篇”的范畴。

英语词汇教学中，在提供词汇句法层面，语料库有着独特的优势。其丰富的自然发生的语料能让教师和学生获得目标词汇最常用的词性、搭配以及组词成句的规则等方面的信息。通过对包含目标词汇的语句的统计和研究，可以获得其词频信息、义频信息以及最常用的词性信息，增强词汇教学与训练的针对性；通过观测词语搭配情况，可以获得自然语言发生时真实的常用搭配，以此来指导有关词语运用规则的制定，甚至对有关规则进行修正。例如，课本上讲授了something that、nothing that 之类的正确搭配共现形式，而 something which、everything which 等被认为属于错误搭配用法。但通过运用语料库进行词语搭配研究，却发现 something which、everything which 的使用频率少于前者，却还是被人们经常使用的，而且出现的次数并不少。因而，得到 something、everything、nothing 等复合不定代词在充当定语从句先行项词时的句法规则——可以与 that 搭配，也可以与 which 共现。

4. 通过提供词汇的运用语境，呈现多样例句

在英语词汇教学研究中，大多数成果表现为对词汇教学的方法、技巧、策略方面的研究与探讨，而对于另外一个重要环节——呈现的关注并不多。词汇教学离开“呈现”这一环节，如何让学生一接触词汇就留下深刻的印象，是一个重要的研究课题。在关于英语词汇教学呈现方式与效果的实证研究中，发现举例环节在词汇教学呈现过程中会对词汇教学与学习效果产生重大影响。所以，举例是英语词汇教学呈现中一个重要讲授内容。

传统词汇教学的呈现操作模式中，教师举出的例句往往随口说出，信手拈来，至于例句的内容，只要包含了目标词汇，往往不做过多考虑。这样所举例句往往是语法上完全正确，在实际生活中可能很少使用的非真实语句。这种举例仅仅是说明了目标词汇的使用规则，把相关词汇放入一个语法上无可挑剔的句子中，来解释词语的应用规则。而它的随意性与非真实性直接影响了词汇教学呈现环节的质量，削弱了呈现效果。为避免这一弊端，就必须利用语料库所提供的海量的自然发生的语料来进行例句练习。

教师在词汇教学的呈现时，参考并选取语料库中相关的真实语句作为例句，一方面可以使举例之于呈现环节更加有效，另一方面，可以得到目标词汇的各方面信息——高频搭配词项、高频运用义项以及常见运用词性等。此外，由于语料库所收集语料的丰富性、真实性和新颖性，学生不仅在首次接触例句时就留下比较深刻的印象，实现对目标词汇较深刻的理解，从而获得更牢固的储存效果，还能摆脱枯燥的词汇学习状态，以浓厚的学习兴趣，持久地学习词汇。

5. 应用语料库关键词检索丰富词汇教学手段

关键词检索是语料库最基本、最有优势的功能。通过对关键词进行全文检索，可以将关键词及其在语料文本中的所有语境实例一同显示。点击某一实例还可弹出另一窗口，显示该例句所在的更大语境乃至全文。此功能可以提供有关词汇用法和意义的真实信息，并以此检验词典或教科书中提供的解释和说明。通过关键词检索，学生可以体验词汇或词组在不同语境中的确切用法，以增加感性认识；丰富的用法和语境，使学生能够比较和掌握同义词之间细微的语义、语用差异，极大方便了学生求证疑难用法和搭配。

语料库的关键词检索功能也为教师提供了便利。平时靠教师语言直觉无法确定的问题可迎刃而解；编制词汇例句和即时课堂词汇练习变得轻松快捷。另外，由于许多语料库具备更新能力，与词典相比，语料库提供的例句往往更充满时代感，更贴近生活，更有生命力，更容易激发学生的学习兴趣。

（四）语料库在词汇教学中的展望

根据对近年来英语语料库及语料库语言学研究动态的观察和了解，基于语料库的词汇教学这一领域未来的发展趋势可以概括为以下四个方面：第一，在词汇教学或者英语教学方面语料库的应用是大势所趋，语料库方法将逐渐受到重视和广泛应用，也会被越来越多的师生所接受；第二，语料库的应用将从传统领域，如编写词汇大纲和教材等，扩展到新兴应用领域，如课堂词汇教学、词语搭配学习、词汇测试设计、词汇学习活动设计和计算机辅助语言学习等，促进词汇教学方法的变革；第三，不同的语言研究方法，如基于语料库的方法、内省法和诱导法等，会相互借鉴、融合，语料库方法的局限性会逐步得到弥补；第四，随着语料库和语料库语言学研究的深入，许多语料库分析及应用软件陆续被开发出来了。然而，语料库分析软件开发的很多，而应用软件较少，而且现有的一些软件需要改进和完善。另外，软件开发未打破门户之分，软件也只是少数研究人员的“掌中宝”，没有得到推广应用。可以预见，语料库应用软件的开发和推广有着巨大的潜力和广阔的前景。

二、语料库在英语口语教学中的应用

（一）英语口语语料库的现状

口头交际与笔头交际是人类交际的两种主要渠道。就口语而言，服务行业的对话与口述早就为语言学家所注意，前者如商店、银行、旅馆、饭店里顾客与服务人员的对话等，后者如讲故事、讲笑话等。不同的口语语体有各自的语言风格。近年来对口语语体研究的范围不断扩大，如对法庭对话的研究以及求职面试的探讨，还有些语言学家对商务会谈、电视访谈、网上聊天等也表现出浓厚的兴趣。现代口语语料库的出现对口语语体的纵深研究起到促进的作用，更重要的是给英语教学带来了全新教学理念。

把录音的内容转写后就可以建立一个口语语料库，然后再通过索引软件提取自己所需要的内容，这已经被广泛运用于语言研究和词典编纂中。有专门的口语语料库，而有些口语语料是综合语料库中的一部分，前者为纯口语语料库，后者为非纯口语语料库。

（二）语料库用于英语口语教学的可行性及优势

根据 COLSEC 语料调查表明，学生的英语口语能力由四个部分构成，分别是：基本的语音能力、词汇语法能力、话语能力、语用能力。语料库在发展的初期，只进行词的一般分析，如词频统计等，随着语料库语言学的发展，语料库已经不只进行一般的词频统计，而是增加了词的语法属性标注（如词性等），现在更是愈加重视对语料库作不同层次的标注，如语音、构词、句法、语义以及语用等层次的标注，重视语音特征研究、话语结构研究、语用策略研究等。现在人们普遍认为语料库的发展为英语教学几乎所有分支领域都具有启发和引导作用。在语料库的帮助下，教师很容易找到大量生动而自然的口语表达例句提供给学生，帮助他们掌握、积累更多的表达方式，理解和掌握句子在口语中的实际用法，进而帮助他们克服畏难情绪，激发他们说英语的积极性和表现欲，提高口语表达能力。同时，通过指导学生就特定话题查阅和检索语言资料，帮助学生逐步养成探究型的学习方式，培养他们自主学习的能力，真正体现以学生为中心的教学理念，使学生终身受益。

（三）语料库在高校英语口语教学中的应用

1. 口语语料库对高校英语口语教学的促进作用

口语在语言交际中起着非常重要的作用，然而我国大学生的口语现状却不容乐观。大多数学生认为，尽管在英语学习上花了不少时间，但他们仍然难以掌握英语口语能力。目前的高校英语口语教学仍然采用传统的教学方式，即学生机械性记忆，多说多练。在具体的教学实践中，教师对学生所表达的内容很少进行系统的归纳和总结。口语语料库的出现为英语口语教学和研究提供了崭新的平台。利用语料库对比方法，从本族语者和学生的语言输出中提取对教学有用的信息，能够改进英语教学。从促进英语口语教学的角度，英语口语语料库的作用主要表现在以下几个方面：

第一，帮助学生扩展语言输入的范围，提高学生英语口语水平。从英语教学的角度来看，语言输出必须建立在大量的语言输入的基础上，输入语言的量成为提高英语口语水平的重要指标。语料库使学生有机会接触各种语体，扩大了他们的视野，增强了语言输入的内容和范围。

第二，通过运用语料库语言学的方法，提高英语口语教学效果。通过建立学生口语语料库，将其与以英语为本族语的口语语料库进行对比，教师能对学生口语表达能力有较为全面和客观的了解，并从中发现学生英语口语表达中存在的共同错误和典型问题，以确定教学中的难点与重点，使口语教学更有针对性，从而大大提高口语教学效果。此外，口语语料库还能够为编写英语口语教材和制定英语口语教学大纲提供准确和客观的数据。

第三，倡导数据驱动学习，培养学生语言自主学习能力。口语语料库能为学生的探究性学习活动提供素材，在英语课堂教学中引入语料库可以促进数据驱动学习，帮助学生培养英语自主学习能力，达到由“学会”向“会学”的转变。通过语料库，学生可以在语境中分析、归纳某个语言现象的意义及语言规律。同时，学生通过对目标语各种语境的语言进行分析归纳，发现规律，建构自己的知识体系，逐步培养自主学习能力。

2. 英语口语语料库语言是教科书的有效补充

第一，弥补教科书单一的教学内容。从英语教学的角度来看，语言产出建立在大量的语言输入的基础上，输入语言的量是提高英语口语水平重要指标。口语语料库极大地扩展了语言输入的范围，通过语料库，除了课本以外，学生可以有机会接触各种语体。

第二，为英语教师提供最真实可靠的语言信息。口语语料库无疑为口语教学提供一个可靠的语料来源。英语教师可根据自己的教学目标选择相关语料，同时，通过 Wordsmith 等索引器提取自己需要的语言项目（如固定搭配、介词用法等）。

第三，使英语教学内容不是建立在语感上，而是建立在真实材料基础上，使所学内容更贴近生活实际。口语语料库的使用使学生学到的语言更加接近生活实际，避免课本语言与实际交际语言相脱离，学以致用，增强学生的学习动机和学习兴趣，克服“学非所用”带来的沮丧及其他负面影响。

第四，有助于开展任务型学习活动和实施材料驱动语言学习。口语语料库为探究性学习活动提供素材。通过语料库，要求学生在语境中分析、归纳某个词的意义以及搭配规律。在英语学习中，语言学习者认为语言成分的搭配是比较自由的，其实这种自由度在地道的本族语表达中是非常有限的。人们越来越意识到固定搭配在英语教学中的重要性。在学生的英语表达中，不难发现这类例子：词汇和语法没有问题，但不符合地道英语表达方式。因此，要说地道的英语就必须注意英语的固定或习惯表达形式。口语语料库无疑提供了一个地道的语境和素材。学生通过对目标语各种不同语境的语言进行分析归纳，发现规律，强化在做中学，建构自己的知识体系，提高探究性学习的能力。

第五，教师和学生可以合作建立英语口语学生语料库。通过建立英语学生口语语料库，师生对语料库进行比较分析，找出英语学生口语失误规律，课堂教学活动才能做到对症下药、因材施教。此外，教师和教材的编者根据学生语料库分析提供的信息来设计教学内容和材料。

必须意识到，在指定教材长期统治下，师生对教材的定式思维自然会对口语语料库的使用产生一定的抵制，因为语料库中的语言材料毕竟不像指定教材那样“整洁”，而是“破碎”的。因此，师生的观念需要改变，只有师生能充分发挥“双主体”的作用，才能全面提高课堂教学质量。

3. 口语语料库在课堂教学中的运用

在英语学习环境中，口语语料库是教科书的有效补充，因此在呈现教科书课文的基础上，有必要让学生了解真正英语本族语人在相似的环境中是如何交流的。比较法更能加深学生对教科书课文和语料库的认识和理解。

语料库可以为学生提供丰富和直观的语言素材，便于激发言说的欲望，使其有话想说、有话可说，从而达到使学生积极发言的目的。更为重要的是，语料库提供了一种学习的方法，学生可以就某个自己关心的话题进行自主查阅资料、积累语料，从而提高自主学习的能力和主动性。

（四）对高校英语口语教学的启示

在今后的英语教学中，应从以下几个方面来帮助学生减少口语表达错误，提高口语教学效果：

第一，话语连接词用来表达句子之间的逻辑关系，有助于加强语言的连贯性。教师在教学过程中不能只重视对语言形式和语法词汇的分析，还应加强对内容和语篇结构的分析，引领学生了解英文语篇的发展脉络。把重点放在对整篇内容的理解上，分析作者是如何阐明主题的，分析段落间、句子间的连接、转承方式，从而使学生进一步领会英语表达的技巧，以增强学生语言表达的条理性和合理性，以及口语语篇能力。

第二，口语小品词作为话语标记语的一个分支，是日常交流中使用最为频繁的标记语之一，有着不可替代的篇章和交际功能。因此，在教学过程中教师要注意小品词功能的讲解，引导学生注意小品词的使用规律及功能，确保学生在口语交际中能够灵活多样地运用小品词。例如，针对学生口语中“I think”的过度使用，教师应引导学生运用与其意思相近的短语如 as for me 等可替代语；此外，“I think”在句中的搭配可以起到衔接和连贯的作用，比如，在此结构前加 but 表示前后两个句子的转折关系或内容添加，在此结构前加 so 表示对前面内容的概括，引出下文。

第三，引入词块教学，培养学生词块意识，提高学生的词汇搭配能力，从而使他们产出自然地道的英语。词块是具有一定结构、表达一定意义、容许不同抽象度、频繁使用的、预制的多词单位。如果学生记忆库中储存了大量的词块，在语言表达时，就能保证表达的流利性、准确性和地道性。因此，在高校英语教学中，教师首先要有意识地提高学生对词块的敏感度，鼓励学生在课文学习中发现词块，并学会灵活运用。其次，教师可以利用索引工具，运用语料库中的真实材料，向学生展示词语的典型搭配，让学生有机会接触符合英语习惯的结构和搭配，吸收和使用符合本族语习惯的词块，减少母语干扰。最后，在大量词块输入的基础上，教师应开展更多的语言交际活动，为学生提供更多的语言输出的机会，使语言输入与输出相辅相成，提高语言输出的质量。

第四，针对学生口语表达书面语化的现象，教师在口语课堂中使用的话语应尽可能口语化。此外，教师可以在教学或教材编写中让学生接触到真实的、多样的、与学生水平相当的口语语料，为学生提供更多的口语练习机会，指导他们在口语表达中增强区分口语和书面语的意识。

第五，教师应在教学中对交际策略做系统的介绍，培养和增强学生正确使用交际策略的意识。教师应运用体现交际策略的“真实”听力和口语材料，为学生提供适当使用口语交际策略的输入和范例，创设轻松和谐的语言环境，引导他们敢说、多说；加强交际策略的训练，尤其是以第二语言为基础的成就策略（英语转述策略、近似策略）、停顿填补策略和副语言策略等，帮助他们提高口语的流利性和准确性，以促进语言的习得。

教师通过对学生的自然语料进行观察和分析，能发现学生口语表达的特点和语用失误规律，从而对学生口语学习过程中存在的错误和问题有比较系统和准确的了解。只有这样，口语课堂教学活动才能做到对症下药，帮助学生掌握规范、地道的英语，有效提高学生的口语表达能力。

三、语料库在英语写作教学中的应用

（一）语料库在英语写作教学中的优势

1. 语料库可以提供大量真实的语言素材

英语教学的重要目标是培养学生的语言运用能力，教会学生使用活的语言，以便更好地交际。“真实性”也是语言教学中交际活动的最基本概念之一。交际法强调让学生通过使用目的语来参与相应的活动以增强其自信心，因为只有在实际中运用语言才能达到让学生接触目的语文化，并对其产生浓厚的兴趣的目的。在第二语言教学中采用真实语言的理由包括以下几个方面：首先，为了交际目的而在实际中运用的语言比起为阐述目的语特点而编制的语言更有趣，学生学习的动力更大。其次，围绕内容展开的实际语言运用使学生更易习得语言。这是因为实际运用中的语言能为学生提供较为丰富的“语言大餐”，同时又可鼓励学生透过语言表层结构挖掘其中的内涵；另外，如果实际运用的语言提供的量达到一定程度的话，可以为学生复制一个第一语言学习者从出生时就浸在其中的“语言浴”。在语料库出现以前，语言描述更多地基于本族语者的直觉和内省。对那些相信语言学习和语言学的理论描述应该建立在真实数据基础上而不是在主观臆造基础上的语言学家来说，语料库是非常有用的资源。基于语料库的方法最大的优点在于它能够提供大量的语言数据以及一些语境方面的信息，有利于对语言进行量和质的分析。因此，语料库与本族语者的直觉相比更具可靠性。

2. 以真实语言作为输入材料更有利于语言产出

语言是文章的建筑材料，缺乏这些建筑材料，就很难写出好文章。写作属于语言输出，把语料库与英语写作教学相结合就是为了使学生通过接触大量真实的语言材料，激发其学习的积极性，理解输入的内涵，使输入成为可理解性输入并被学生掌握。同时，这种教学方法也使学生通过运用新的语言知识，不断改正和调节他们原有的语言假设，从而使其语言水平得到提高。

英语教师应充分重视语料库中大量丰富自然的目标语语料及其有关知识的输入，并引导学生根据语言的真实情况加以使用。这样做能够使学生清楚地了解目的语中某个词在各种不同语境下的具体用法和不同体裁的文体特征，扩展其第二语言的词汇量、语法知识等，有助于其写作能力的提高。

只有当学生有机会进行“可理解性输出”时，有意义的语言习得才得以实现。输出在二语习得过程中所起的作用包括：①语言输出为学生进行有意义的练习提供了机会，目的是使语言在语言资源许可的范围内实现自主化，这是与语言的流利性相关的问题，而不是准确性的问题；②语言输出促使学生去了解他们以往不知道或仅了解其中一小部分内容的事物；③输出也为验证假设提供了机会，这样学生会为了弄清某一假设是否奏效而尝试使用各种表达手段。语言习得是通过发挥语言功能性和交际性作用的输出而实现的。换言之，二语教学需要为学生提供合适的机会让他们运用新的语言形式进行交流，同时也要创造一种情境使他们觉得想进行交流的愿望是有意义的，他们的话是可以被接受和理解的。学生需要有这样的机会来说出或写出新的语言形式，以便改正和调节他们原有的语言假设。

（二）基于语料库的英语写作教学

1. 准备

在准备阶段，要求教师对语料库及其使用要做到很了解并能熟练使用。在此基础上，还应让学生对语料库的界面和基本构成也有所了解。对学生进语料应在语言实验室里向学生进行语料库的介绍，这有利于学生在教师对之进行讲解的同时即刻进行实际操作，有利于学生提前学会其基本使用方法。

2. 实施

在有了前面的准备之后，即可进入实施阶段。实施可分为两个环节进行。在前期课堂教学环节，教师应在课堂上对所用语料库作简要介绍，同时引导学生学习并探讨语料库在写作练习中的功能。具体实施时，教师可以设计一些练习先让学生以分组的方式来完成，然后再独立完成，以此培养学生独立使用语料库的能力。最为重要的是，教师要在课上给学生布置一定的写作任务，如利用语料库来查找特定词语的表达方式等，从而使学生学会运用语料库中的资料来分析自己在作文中出现的错误的方法，同时也培养了学生的语言意识。

教师在搭配、语体和体裁等方面给学生设计出练习题，让学生在语料库中找出与之相同或相近的资料进行学习。这样，学生一方面可以学到常用词的搭配方式，另一方面也能逐步地熟悉语料库的使用方法，能把词汇的学习放在句子之中甚至是放在语篇之中来进行，为他们以后的自主学习打下基础。

在后期的教学中，对语料库的使用不应仅限于词汇层面，语篇层面也应加以重视。由于汉英语篇存在差异，汉语为意合型，即以意义关系达到语篇的连贯，而英语为形合型，即以外显的连接进行衔接，所以衔接就是需要予以关注的一个方面，这也是学生写作的薄弱环节。为此，教师在英语写作教学中应适当讲解英汉语言间的差异，尤其是向学生介绍体现在写作方面的语言的差异。让学生了解这种差异可以增强学生对语言的敏感度，有利于学生更好地学习英语。同时，语篇结构也是值得关注的。教师应在教学指导中指出这一方面，同时设计出相应的练习，以让学生利用语料库对语篇差异有所了解。

学生在校期间能接触到的语体的类型有限，所以其语言知识的输入也不足，从事写作时写出的内容也较为空洞。利用语料库，学生可通过观察和数据统计相结合的方式了解不同体裁写作的特点和用词特征等。关注体裁的教法可以被用来指导学生对体裁的学习。通过对多种体裁的分析和研究，学生不仅可以掌握各类体裁的特征，还可通过对不同体裁的对比，通过对语步（move）策略和语言特征的分析，了解各种体裁的独立特征和共有特征，从而将之运用于自己的写作实践之中。

3. 评估

在此阶段，教师应组织学生对其所学语料库知识和在使用语料库过程中遇到的问题及其解决办法进行探讨，从中挖掘语料库的更多的使用价值，以为日后的学习打下基础。在这个过程中，教师应组织学生对自己和他人写作任务完成的情况进行评估。

4. 自建小型写作语料库

在使用语料库进行教学的同时，教师还应鼓励学生尝试创建自己的小型写作语料库，利用该语料库，引导学生分析自己以往的作文中容易犯的错误。教师还应鼓励学生不断地扩充自建的语料库，收录易犯错误的例证，或是优美语句，以备学习和参考。学生自建语料库时可以利用现有的软件，如 WordPilot 语言教学和学习工具软件，而不是机械地逐词逐句地输入。

语料库在英语教学的各个方面都已经得到了广泛的应用，以真实可靠的、自然发生的语料为基础的语料库对语言学的各个研究领域都有着非常明显的实用价值。可以肯定，将语料库用于英语写作教学有着重大的意义：作为重要的教学工具，帮助学生在写作中提高语言的准确性，增强文章结构的连贯性，丰富文章的内容。当然语料库在写作教学中的应用远不止如此，其教学效果还有待于进一步做大规模的实证性研究。

四、语料库语言学在英语教学中的意义

（一）语料库语言学在词汇教学中的运用

词汇教学是英语教学的基础。在传统课堂上，教师花较多时间讲解单词的音、形、义，督促学生强化记忆。学生掌握的词语意义和用法往往过于单一、死板，运用起来捉襟见肘。有些学生甚至找汉语中的对等词来记忆，不仅浪费精

力，而且易造成误解。现实语境中的词语不是孤立存在的，而是处于和其他词语的搭配中，并产生共有意义。“由词之结伴可知其词”，这在语料库语言学中被称为词语的“结伴关系”或“共现关系”。基于统计学上的定量分析，只要一词与另一词的共现频率达到一定标准，它们之间即可被认定是搭配关系。学生最终能否掌握英语，关键在于能否熟练运用典型搭配。现代语料库的应用可以使词汇教学不再局限于单词的孤立讲解。教师通过鲜活的语料呈现，可使学生感悟到词汇因搭配而产生的意义，从而大大改善教学效果。

语料库语言学在词汇教学中运用的基本方法是：输入要讲授的词作为“节点词”进行搜索，提取该词在语料库中所有的搭配词。在每行索引中，节点词居中呈现，左右构成其语境的词语被称为跨距。统计中，教师要把偶尔共现的词排除掉。只有那些与节点词反复共现的词才被认定是典型搭配。事实证明，节点词的意义正是“存在于与之结伴的别的词项之中”，正是典型搭配赋予了它丰富的含义。教师通过对典型搭配分析，可以呈现节点词的含义和用法，加深学生对该词的印象。当前，将语料库引入词汇教学不仅可以将教师从烦琐的词汇讲解中解脱出来，提高教学效率，而且便于学生由被动学习向研究性学习转变。

（二）语料库语言学在语法教学中的运用

在当代语料库语言学家辛克莱（J. Sinclar）看来，语法与词语是一种“相互渗透”的关系。词语具有意义潜势，同时，在搭配和用法上也具有语法潜势。两种潜势都在语言交际中呈现出来，形成一种相对固定的词汇和语法机制。这种机制在语言使用中被称为“共选关系”，即“一定的词语和意义总是以一定的语法形式表现出来；一定的语法结构也总要以最经常和最典型的词语来实现”。因此，词汇教学和语法教学是密不可分的。语料库对词汇教学的作用也同样体现在语法教学中，并对传统语法教学理念形成挑战。传统语法教学秉承“规定性语法”教学模式，着重讲解句法结构。与此不同，基于语料库的现代语法教学更加侧重语法与词汇意义的“共选关系”，更倾向于“描述性语法”的教学理念，用大量生动的自然语料来呈现词句搭配中的语法规则，更加注重语言运用的区分度和准确性，使学生接触到更多地道的英语，增强学生对语言交际的感知力。通过语料分析可以看出，在语言交际中，句式的选取往往不是为了验证或运用某个句式而是对其进行词语填充；相反，人们总是为了准确表达某个意义而随机选取最合适的词汇和句法结构。意义永远是第一性的，形式是第二性的。

语言教学的目的就是让学生掌握真实的语言。有些语法学家依靠个人直觉，为说明和论证某种理论框架而杜撰和自造的句子没有太大的效度，在很大程度上很可能会将人为的结构强加于实际语言运作，会对真实语言运作产生曲解。为避免这种人为的杜撰和扭曲，现代语法教学多采用口头或文本中出现的真实语料作为语法讲解的依据，这就是辛克莱所说的“自然发生数据”。这种教学不受传统语言学理论中许多先入为主的观念束缚，借助大量自然发生证据，可望发现语言运作的许多内容和机制，对语言使用做出新的描述与解释。这种新的描述与解释不仅能够将学生从大量的句法结构记忆中解脱出来，也能使语法学习充满了乐趣。教师可以引导学生借助语料库自行分析总结句法规律，通过研究句式的演化趋势，还可以预测未来语言的发展态势。这样一来，语法教学就不再是灌输式讲解，而是转变成探讨性研究了。

（三）语料库语言学对英语教学其他方面的意义

在修辞学和文体学的教学研究方面，语料库中的鲜活文本和自然口语数据可以提供大量的素材。如具体语境当中，如果某些性质相似的词语和关键词反复出现在文本之中，则关键词也就具有了相关的语义特点，这就是通常所说的“语义韵”，包括“中性语义韵”“积极语义韵”和“消极语义韵”。所以，学生如果要判断文本的修辞，只需要搜索某一个关键词语，再抽调语料库中相对应的文本进行语义分析；如果是文学文本，就可以据此进一步推测文本中社会环境、写作背景、思想动态等信息。因此语料库不仅对文学教学中的语段分析与阅读理解具有重要的意义，还能够充分调动学生参与课堂教学的积极性。

虽然语料库语言学以抽象的状态呈现但是也具有很强的实用性，不仅体现在高校英语教学中，而且能针对高校英语教学发挥出不同的作用。随着文化的发展，人们在日常生活中应用语言学的机会越来越多，也促进了学科的不断进展。

总之，科技手段与信息技术的大力发展使语料库语言学对高校英语教学产生了巨大的影响。语料库语言学既为语法、词汇、修辞、语言学等各学科教学带来了深刻的变革，也推动了英语教学理念与方法的进步，还使得课堂中的信息量更加丰富，在很大程度上提高了学生的自主创造性。

第三章

高校英语的主要学习模式

第一节　累积学习模式

英语是一门语言，而语言是约定俗成的符号系统。就学习过程而言，英语学习是按照一定语言心理系列不断演进的过程；就学习的行为而言，英语学习是行为习惯的养成。于是累积学习渗透在英语学习的全过程中，也是英语学习的重要手段和方式。英语累积学习模式研究是建立在美国教育心理学家加涅（Robert Mills Gagne）累积学习理论基础之上的。加涅认为，个体是按规定的学习程序，一步步地进行学习的；学习过程是信息的接受和使用的过程，学习是主体和环境相互作用的结果。因此，在教学上他主张教师应给予学生最充分的指导，使他们能够沿着规定的学习程序和步骤，系统地操控学习行为，形成良好的行为习惯，积累丰富的语言学习经验，体验和优化英语学习的过程。

一、英语累积学习模式概述

累积学习模式是建立在加涅对学习过程结构和学习条件等的分析和研究上的。加涅把学习过程分为八个阶段，即动机阶段、选择阶段、习得阶段、保持阶段、回忆阶段、概括阶段、作业阶段和反馈阶段。英语累积学习是指学生按一定序列逐步累积语言知识和技能而实现对能力的培养和提高。英语累积学习体现了语言和语言学习是习惯系统的养成，体现了个体英语学习由易到难、由浅入深的渐进过程，也体现了英语语言学习过程的迁移性。根据英语学习特性和需要，人们把英语学习过程结构分为四个阶段。在这四个阶段中前一个阶段是后一个阶段的基础，后一个阶段是前一个阶段演绎和发展的结果，各个阶段既相互联系，又相互制约。

（一）动机和目标确定阶段

首先，英语学习是受个体动机和目标推动的。动机、目标或期待唤醒和激活英语学习行为，支撑和优化英语学习的过程，也隐含着学习的可能结果。它们是英语学习的根由，也是英语学习的动力。

其次，英语作为语言或语言学习具有心向性，换言之，英语学习过程或语言的认知过程是生成动机和期待的过程，也是强化学习目的性的过程。

（二）注意和语言理解阶段

注意是指心理努力对感觉事件或心理事件的集中，强调注意的选择性功能。注意是对其对象的集中和指向。由于个体心理资源的有限性，选择性是注意的基本特征。注意与选择是相辅相成的心理过程，注意是选择的起点，选择是注意的必然，学习不能离开注意而独立存在。因此，英语学习本身是注意与选择的结果，注意是语言理解的前提，没有注意，语言理解便无法进行。从个体英语语言发展过程来看，语言理解是语言表达的基础，其最终目的是实现意义建构。

（三）语义表征与巩固阶段

简单地说，表征是记忆方式。英语语义表征与记忆是一个事物的两个方面。由于心理表征的存在，语言理解和符号的意义建构便成为可能。就语言的技能发展而言，英语语言知识和技能的巩固是通过理解、记忆和过度学习而实现的。这个阶段也是巩固阶段。个体通过语言操练和过度学习可以逐步实现对语言知识和技能的巩固。

（四）语言表达和运用阶段

语言表达和运用是英语学习过程中非常重要的一环。如果语言理解与语言输入密切相关，那么，语言表达和运用与语言输出存在必然的联系。个体从表达中体验语言，从运用中掌握英语语言技能。英语语言学习和能力发展的过程是一个连续系统，它有起点却没有终点。各阶段学习有明确的侧重点，但各阶段相互依存，相互制约，循环往复。

英语学习过程结构决定学习模式，其学习模式是学习过程的具体体现。就累积学习的过程而言，英语学习是一个知识不断积累、技能不断巩固、习惯和方法不断优化的改进过程。换言之，个体英语语言能力因累积性的学习而发展。也就是说，量的累积必然导致质的变化。

英语学习的结果是学习目标、学习过程和学习条件相互作用的结果。英语累积学习模式的生成、发展和应用既需要外部条件，又需要内部条件。英语学习既要有外部社会语言环境或条件，又要有内部心理条件。只有整合内外条件资源，累积学习模式的建构才有可能实现。

累积学习模式的教学设计是累积学习模式应用的重要方面。学习模式的教学设计既是学习模式走进学生和课堂的中介，又是验证学习模式的科学性和可行性的过程。由此，学习模式的教学设计的重要性显而易见。

二、英语累积学习模式的意义

从加涅的学习理论出发，人们认为累积学习模式对于学生的英语语言能力的形成和发展意义重大。首先，就语言结构而言，英语语言是约定俗成的符号系统。其次，就语言学习的过程而言，英语语言能力的获取是一个渐进的习惯的养成过程。最后，英语语言能力的发展过程是按一定序列演进和迁移的。从语言文化形成的过程来看，英语语言的形成体现了其过程的渐进性。从个体语言学习过程来看，英语学习是由易到难、由浅入深、由少到多、由生疏到熟悉的知识、技能和能力的累积过程，个体英语语言能力的形成与发展体现了语言学习过程具有迁移性特点。人类学习中可供使用的资源是有限的，如个体短时工作记忆的资源是非常有限的，研究表明人的工作记忆的容量通常仅有7±2。从这一点来看，累积既是个体英语语言学习的手段，也是语言学习的过程。由此可见，累积方式是英语学习的必然选择。

三、累积学习的教学设计

加涅的学习理论认为，任何一种学习过程均有其顺序，前一种学习过程是后一种学习过程的先决条件，学习过程是按顺序逐步演进的。英语作为语言学习更是这样。学生如果无法学会某种知识，是因为尚未具有学会这个知识的基础能力。教师在进行教学活动时，应从学习阶梯的底层出发，循序渐进地引导学生达到预期的教学目标。这一模式以学生在学习中所发生的心理活动过程为依据，又进一步根据学习的信息加工理论提出了一系列从学习动机的确立到学习结果的反馈的教学策略。

在累积学习模式中，教师扮演着“设计者”“指导者”和“管理者”的角色，教师的工作就是计划、设计、选择并监督外部条件和安排，整个教学过程自始至终应由教师来控制，强调教师的指导作用。加涅为英语教师提供的是一个基本构架，而不是具体的操作步骤。

加涅提出的适当的教学设计必须包含下列四项：①制定教学目标；②根据学习阶梯及工作分析进行教学设计；③安排教学活动；④决定评价方法、标准和工具。

第二节　自主学习模式

自主学习作为一种学习模式是20世纪60年代被提出来的，从对“学生能力”的研究到提出以“学生为中心”的教育理念，自主学习模式在人们的教育思想和社会发展变化中逐步形成。随着信息时代的到来，学生的学习量迅速增加，学生的学习资源不再仅限于教师和教材，学习目标也从知识的学习变成能力的获得，同时，随着人口的增加，人们也在寻找能让更多的人根据自己的特点、兴趣和需求学习的方式，从而使自主学习模式迅速发展与普及。

一、英语自主学习的定义及特点

英语自主学习是一个比较复杂的概念。自主学习常被人们误认为是放任学习，造成该误解的部分原因是由“自主学习”这一术语引起的概念意义的混乱。首先，这个术语的同义词较多，如“独立学习”“自我导学”“自助学习”等。虽然用词不同，但是上述概念之间的相似性大于差异性，从广义来说，它们都积极鼓励学生设立并实现个人学习目标，只是角度不同而已。

自主学习就是指学生自己负责自己的学习活动。自主学习所包含的意义是非常复杂的，自主学习并非没有教师的学习，不意味着教师没责任了，也不是说学习只是学生自己的事；不是单一可描述的行为，也不是指学生所取得的一种稳定的状态。自主学习具有学生自主的个性特征，以及学生自愿并能够进行自我教育的特点，自主学习是在正式场景中组织教学的一种模式，具有在自然社会场景中学生体会寻找学习机会的特点。

学生对学习内容的自主控制具有情境性，即学生自己决定自己的学习目的；学生对学习内容的自主控制具有社会性，即学生需要有在学习过程中与人交往的专门能力。自主学习必须是有社会结果的行为。自主学习这一概念是以学生的思想、行为、举止控制自己学习的自然倾向为依据的。自主学习能力是人人所具有的能力，因每个学生的独特性和环境不同，其表现形式和程度也不同。自主学习的能力是可以培养的。当条件适合，学生就可以获得自主学习的能力。

为了简化自主学习的定义，能让不同侧面的研究共存，人们认为，自主就是学生对自己学习的控制的能力。自主学习就是学生的自主能力能够得以展现。自主学习可以通过不同的方式表现出来，具有独特的过程和师生关系。自主能力可以在自我学习的模式下得以发展。自主学习的学生自主控制学习行为认知过程和学习内容。有效的学习管理建立在对学习中的认知过程的控制上。学习管理和认知过程又涉及有关学习内容的判断。

从以上自主学习的特点和含义中，我们不难得出英语自主学习模式的重要意义。自主学习模式在英语学习过程中得以应用和推广，有利于学生在英语学习中学会英语，发展语言能力，学会认识自己。人类作为主体，自主能力是最重要的素质之一，而自主学习正是培养人类成为主体、增强自主性的有效方式。自主学习是培养学生独立学习的习惯、独立解决问题的能力，以及发挥其能动性的学习模式，因此，自主学习对培养学生的创造能力、生产能力，以及良好的学习态度等都有很大的意义。

二、英语自主学习模式的实施

英语自主学习能力的培养是一个循序渐进的过程。学生形成自主学习的能力需要经历一个从他主到自主、从最初完全依赖教师的指导逐渐过渡到自己独立思考进行学习活动的过程。

自主学习模式的应用给教师提出了很大的挑战。在课堂学习环境下，学生的学习安排会与教师的教学安排产生冲突。因此，教师如何使自己的教学活动适应学生的不同个性，满足学生的不同需求，提供其自主学习的机会，培养其自主能力成为教学的焦点。

英语教师的职责是帮助学生进行自主学习，指导他们有效运用学习策略。当以发展学生的自主能力和个性为目标时，教师的角色功能就是关注个体，了解学生的多样性。当在教育目标、学习活动、教学资源、掌握水平和时间上，学生具有很强的自主性时，教育才真正体现出培养学生自主性的目的。教育目标要满足个体需要，学习活动要有多样性，要为不同能力的学生提供不同的教学资源，接纳不同学生不同水平的表现，并且容许不同的学生在不同的时间里完成学习任务，开展自主学习。教师必须在放弃对学生的控制权的同时使自己适应管理者、组织者、咨询者、材料开发者、评判和评估者的新的角色。成功的角色转变取决于教师本身意识和素质的提高。教师从知识传授者转变为学习环境和学习机会的创造者，应尽可能地为学生的学习营造良好氛围，创造更多机会，满足不同学生的需要。教师不再是知识传播的唯一渠道。教师应尽可能地提供给学生控制自己学习的机会，建立学生自主发展的教学目标，改变错误的压抑学生积极性的教学方式，以引导者的身份出现在学生的学习活动中。也只有建立培养独立、自主的学生的教学目标，学生才会在教师的指引下，发挥自己的潜能，将学习活动置于自己的监控之下，利用自己认知、情感、意志等多方面的能力进行主动建构知识的高效学习活动。

在自主学习过程中，学生以自己的学习过程为监控对象。从学习目标的设置到学习策略的选择再到学习过程中调节、控制和补救，最终对学习结果进行评价与反省，都由学习主体决定。在实际训练中，教师应加强对学生元认知监控策略及能力的训练。

教师在课堂范围实施自主学习模式的操作方式有很多。如自主学习模式的实施有如下10种技巧。①自我监控：学生记录自己的学习目标；②自我纠正：学生改正自己的作业；③不同进度的学生制订和调整自己的学习进度；④小组活动：学生在小组中完成任务；⑤项目活动：学生合作收集信息、处理信息和写出汇报；⑥问题解决：鼓励学生讨论问题；⑦泛读泛听：鼓励学生进行课外阅读；⑧选择活动：学生选择自己喜欢的活动；⑨教师与学生互学互教；⑩共享目标：学生自己制订计划和完成教学目标。

参照以上自主学习实施技巧，英语教师可设计的组织学生自主学习的课堂活动也有很多。例如：

①自主提出问题。学生根据学习材料自主提出问题，根据自己的问题展开小组讨论，学生之间互相补充信息空缺，最后解决问题。教师尽可能地提供真实的学习材料，这样，学生创设的问题情境才会有意义。把课程内容与现实生活联系起来，会激发学生学习的好奇心，使其渴望认识和解决问题，因为学生的学习在很大程度上受本能驱使。

②设置任务。学生根据教学内容，提出学习任务然后进行讨论，最终完成任务，展示成果。

③采访。首先，教师设置教学情境，提出采访主题，学生通过两人或两人以上面对面的问答式交谈，自主地选择和获得所需信息，然后对采访结果进行分析、归纳和总结，汇报采访结果。

④模拟执教。学生自行选择学习执教内容，积极准备执教材料，利用语言能力和组织能力完成执教任务，由其他学生进行提问和补充，其间教师应明确教学目标，指导学生查资料、写教案。

⑤自主选择学习内容。首先，教师应确定学习目标，学生自主选择学习材料和处理学习材料。其次，学生就学习材料与教师或同学进行交流，分享观点和收获。最后，写出学习笔记。在这个模式中，教师提供学习材料和学习工具并提出学习目标。学生根据学习目标，自行选择学习材料并进行处理和加工，利用工具进行有效学习，所取得的学习结果也会不同。

⑥项目学习。对于一个单元的学习内容，学生自行确立一个研究项目。课堂上，教师分别与学生讨论各自研究项目的合理性，在学生研究过程中，指导和完善研究过程，最终帮助学生完成对项目的研究，使其进行口头汇报，并形成书面报告。学生在完成项目的过程中如有问题和困难，教师应提供帮助，直至学生完成项目。这一模式源于课本，又超越课本。学生学习内容多于课本内容，且英语学习过程具有兴趣性、研究性和创造性。

课堂以外实施的自主学习模式有合约模式、模块形式和信息技术辅助模式。

合约模式是指学生和教师之间签署合约，确定在规定的时间内学生必须完成的工作和教师必须履行的职责，如提供资源、指导学习方法、监控学习过程、及时给出评价等。模块形式是指将学习目标分成更容易完成的小的部分，学生可自主选择，并在教师的指导下，一部分一部分地完成。然后教师根据学生的完成情况，给予评价。如效果不够理想，则给予个性化的反馈和进一步有针对性的指导，提供额外的信息和资源，以促进学生理解。信息技术辅助模式是通过远程通信设备进行的一种学习活动。教师将学习目标、学习任务、学习资源和学习方法等通过远程通信的方式提供给学生，学生根据自己的情况在不同的时间、地点用适合自己的方式与学习伙伴一起或单独完成学习任务，但在有学习困难时，学生可以求助于教师、家长、同伴或网上学习伙伴。

一个优秀的学生应该看到学习内容、学习模式以及与自己可掌控的学习资源之间的关系；有真正要学习语言的愿望；有强烈的自我感，并且这种自我感不会被任何对自己或对学习的负面评价所破坏；要能够反思自己的学习以便准确判断自己下一步该做什么，应该能适机灵活多变；应该具有独立学习的能力；能够有策略地利用环境，能够有策略地协调自己的需求和小组成员的需求之间的关系。因此作为学习的主体，学生应更加清醒地意识到：首先，他们是学习的主人、学习的中心。他们必须逐渐学会对自己的学习负责，不断反思调整方法，使学习达到预期的目的。其次，既是自身学习的计划者、促进者，又是自身学习过程的管理者和组织者；同时还将为其他同学的学习提供参考和建议，对自己、他人的学习做出评价，并对自主语言学习的整个过程做出评估。学生从被动向主动角色的转变，意味着必须加强对他们的训练，而训练应融合在学习材料、活动和任务的设计中。

自主学习的能力包括学生在制定学习计划、选择学习方法和策略、使用学习材料、检查和修订学习结果的过程中的计划、监察和调控的能力，以及学生对自己的学习兴趣、学习态度、动机水平、情绪状态等非认知因素进行调节和监控的能力。

自主确立可行的学习目标和制订可行的学习计划是有效学习的基础。当面对新的学习任务时，学生主动地分析自己的情况，分析在学习过程中可能遇到的困难和障碍，并预测各种变化的可能性，由此确立具体的学习目标和采取的学习策略。研究发现，有效学生更能够根据学习任务制定学习目标。这是因为学习目标能更有效地调动学生的学习积极性。在学习目标的指引下，学生制订翔实的学习计划便轻而易举，并且学生也愿意遵照学习计划，积极地投入新的学习活动中。

学生逐渐学会对自身的学习状况全面负责，学会自己决定学习目标、选择学习任务和方法，并对学习的实施过程实行监控以及对自己的学习进行反思和评价，这些能力都将为学生的终身学习奠定坚实的基础。在学习活动中，学生迅速地发现和利用丰富的学习资源，独立使用学习工具，促使学习目标的达成。

英语自主学习模式是一个复杂的系统。在这一系统中，既有学生自身因素的作用，又有教师等外在因素的作用，还有学习任务、教学管理等多种因素的作用。要想使自主学习模式得以顺利实施，教师需要科学合理地发挥各方面因素的作用。因此，在自主学习模式中，无论是教育管理者、教学实施者，还是学习主体，都要创造充足的条件和机会，积极主动地参与该模式中。

第三节　合作学习模式

英语学习本质上是交际过程，语言交际行为的基础是合作。语言交际活动因合作而丰富，英语学习因合作而深入。合作学习从表面上看是一种学习模式，实际上是人的社会性的本质体现。社会性的基本层面是合作。因此，合作是人的基本属性和内在要求。随着社会迅速发展，合作已成为人类学、社会学、经济学、政治科学、心理学等学科越来越关注的研究主题。社会依赖性研究、认知发展研究和行为学习理论研究等方面的研究成果为合作学习提供了重要的理论依据和支持。通过比较不同的学习模式，尤其是合作学习、竞争学习和个人学习的理论与应用之间的比较，人们一直认为合作学习是具有优越性和有效性的一种学习模式。人们从不同的学习目标、在不同的环境中合作学习的效果等方面展开理论和实践的研究，研究成果涉及学习成绩、学习时间、学习的转化、学习动机、学生的认知发展、学习环境、学生心理健康发展和社会能力发展等，这些研究还提供了大量的合作学习实践方法供教师和学生参考使用。所有这些使得合作学习模式迅速普及。

一、英语合作学习的定义和特点

传统英语教学往往注重教师与学生、学生与课程的关系，而疏忽了学生之间的互动。合作学习关注学生在英语学习中学生之间的互动。从教学的角度看，合作学习研究教学操作方式方法，包括教学目标、教学材料、组织形式、教学评估等。

合作学习是一种英语课堂的学习活动方式，是由有差异性的学生构成学习小组，在教师的指导下，每个学生带有不同的责任和共同的目标，通过学生之间的正依赖互动解决问题，完成学习任务，从而使学生在认知、语言能力和情感态度等方面得以积极发展的课堂教学组织和学生学习形式。其目的是使每个学生从一系列的合作活动中积累英语语言知识、形成语言技能、形成学习能力等。因此，在英语教学中合作学习有以下特点：

第一，在形式上，学生以小组的形式进行学习，但不是所有的小组学习都是合作学习，还可以是竞争学习或个人学习。掌握合作的组成部分需要教师把现有的课程用合作的方式进行建构，制作合作学习的课程以符合独特的教学情形及满足课程目标和学生的需要，诊断在小组学习中学生可能出现的问题，并指导学生，以便提高学习小组的效率。

第二，合作学习是以学生为主体、以学生为中心的一种学习模式。合作学习通过学生的主动参与，发展其个性和提高其素质。合作学习为学生按照自己的需要和个性来学习提供了机会和途径，提高了学习效率，发展了个性化学习。合作既是手段，又是学习目标。合作学习的结果往往是在不同的学习成员交换观点的过程中，借鉴他人思维方式和学习方法，完善自己的观点，拓展思维。

二、英语合作学习模式的意义

在英语学习中，合作学习模式对学生的认知发展和动机的激发有着积极的影响，对发展学生的非智力品质产生积极的促进作用，所以相较于其他学习模式，合作学习模式是更有效的学习模式之一。学生之间的互动以合作学习、竞争学习和个人努力学习三种形式存在。与合作学习相比，竞争是指学生战胜其他学生以便达到只有极少数人能达到的目标。在竞争环境中存在的是负依赖，因为只有对方败了，自己才能成功。竞争学习模式是按照定量参照标准的评价方式，即规定成功者的数量。竞争学习模式的结果是学生努力比别人做得更好，或者知道自己不可能战胜别人而放弃。在个人努力学习环境中，学生自己顾自己，去取得与别人无关的成就。评价是以统一标准为基础的，学生的目标通过自力更生得以实现。学生知道他们的成功与其他同学无关。这种学习模式的结果是学生只关注自己的利益和个人的成功，而不去理睬别人的利益和成功。然而，合作学习将帮助学生取得更大的成功，对培养学生关注他人、互相支持、互相帮助的人际关系及保持其心理健康、培养其社会能力、增强其自信心等有着重要的意义。

合作学习体现了以人为本的中心思想。教学研究从师生互动到生生互动的发展，从被动接受到主动学习的变化，从知识学习到能力培养的转变，都体现了合作学习的核心思想。合作学习以增强学生学习和知识的成就感，提高学生的记忆力，提高学生对学习体验的满意度，发展学生的口头交流能力，发展学生的社会交往能力和增强其自信心为学习目标。合作学习是主动学习，培养学生解决问题、回答问题、提出问题及讨论、解释、争论等实践能力。合作学习是以正依赖和个人责任为条件的学习，培养学生责任心。合作学习能够帮助学生学会与人合作，提高学生团队意识，开发学生的智力，提高学习效率、社交能力，提升其学习动机，降低学习焦虑程度，有利于其精神健康。

在英语学习中，教师使用合作的方式可以使学习评估系统更加合理化、多样化和人性化。评估不仅仅是指教师对学生的学习状况的评估，而且指在合作中学生互相之间自然的评估。小组合作可以有多个不同的学习结果产生，可以有不同的批判性的思考、推理和所教技能的表现，可以让学生有从体验中和评估中学习的可能性，减少了教师可能给评估结果带来不利的影响。评估的结果往往更多地体现为学生哪里做得不够好，下一步该如何做。合作学习使得评估对象从个体转向集体，从而大大减弱了学生的焦虑感和紧张感。这可以促进学生增强自信心，勇敢张开嘴讲英语。由于合作学习在改善课堂教学气氛、确立新型的师生关系、减轻学习中的焦虑情绪、提优补差等方面效果显著，从而成为近几年来的主流学习模式。

合作学习更能促进学生的知识与技能、过程与方法、情感态度与价值观的三维目标方向的整体发展，促进学生集体的形成，对提高学生的团体意识和创新品质有重大意义。只有面对具有挑战性的学习内容时，学生才会表现出一定的探索欲望。当学生独立解决问题出现困难时，这种团体学习的效果就会表现出来。通过共同谈论而学到的知识是学生自觉获得的知识，因此学生记忆深刻，而且可以获得探索与成功的积极情感体验。特别是在学习方法与策略方面，多角度思考在合作学习模式下体现得更加明显。学生的思考方式不同，会得出不同的解题策略。如果放手让学生去交流，让他们介绍自己的方法，倾听别人独特的方法和有创意的想法，既能拓宽其思路，又可以使学生自觉地取长补短。每次小组的学习都应有一定的活动内容和要求，这样学生就会明白要干什么，对学习活动具有明确的目的性。对于学习活动，教师只是起着引导的作用，学习的主体还是学生。这样可以使学生自己发现问题，甚至还能够自己找到解决问题的办法。合作学习模式还能够在潜移默化中帮助学生形成良好的学习习惯和个性风格。合作学习模式允许学生互相质疑，让学生在思考和探讨中发展思维。

三、英语合作学习模式的实施

英语合作学习模式的实施主要涉及以下几个方面：

第一，从过程操作来看，教师的任务首先是合理分组。分组方式包括就近组合（将邻近座位的两人或多人组成一组）、异质分组（组内成员在性别、能力、性格等方面是异质的）等。教师在每组内选一个善于协调并有责任心的学生担任组长。组长应负责安排本组成员的任务，协调组员间的关系，检查和评价本组成员的合作学习情况，同时向教师反馈本组的任务完成情况。

第二，教师布置任务。教师应让学生对自己先前讲述过的内容进行小组合作学习以掌握巩固。此外，教师应要求学生搜集阅读材料，然后一起完成一项共同的任务。

第三，合作学习实施结果的好与差在很大程度上取决于对小组成员的行为规则的要求上，即个人责任。这种要求不是空洞的，而是表现在教师对任务的分配上。人人的责任应不同，如果其中有一人不履行责任，则小组无法完成任务。

第四，教师要明确合作学习中具有整体成就的评价体系。评价分共同拥有一个成绩和平均成绩两种方式。为了使合作学习更有效地进行，教师应积极开发和利用课程资源，包括教材、其他学习材料和辅助设施，使学生多渠道、多形式地接触和体验语言与运用语言；积极开发教材，使得教材更加符合学生的心理和生理特点，更能激发其学习动机和兴趣，更能培养学生的个性和创造性。只有使评价与培养目标相一致，才能让学生有一种安全感。

从学校管理者的角度，其可以为合作学习创设条件，为学生提供开展课外合作学习的机会，如建立合作学习中心，让学生做课题、项目、报纸，举办演讲比赛、戏剧表演比赛、辩论赛等，以培养集体成员相互协作的精神和集体意识，使学生掌握说服他人的策略，学会倾听，学会质疑、反驳，学会更正、补充，学会求同存异。

第四节　探究学习模式

探究式教学是一种研究与教学相融合的师生互动型教学，具有研究性、创新性、实践性和开放性等明显特点，是现代高校在培养创新创业人才中极力探索、建构、推崇的互动型教学模式。深入认识探究式教学的实质和特点，创新探究式教学模式，拓展、普及探究式教学的应用范畴，对高等学校创新创业人才培养目标的实现具有十分重要的意义。

一、探究式教学的基本内容

（一）探究式教学的内涵

所谓探究式教学，就是指在教师的启发诱导下，以学生独立自主学习和合作讨论为前提，以现行教材为基本探究内容，以学生周围世界和生活实际为参照对象，为学生提供充分自由表达、质疑、探究、讨论问题的机会，让学生通过个人、小组、集体的解难、释疑、答辩等多种活动，将自己所学知识应用于解决实际问题的一种教学活动。

（二）探究式教学的特征

探究式教学的基本特点是不将现成的结论告诉学生，教师为学生提供问题情境，并组织、引导学生自己去发现问题、解决问题。

探究式教学强调直觉思维。直觉思维也叫非逻辑思维，在学习中，直觉思维的形成一般是映像或图形等直接领悟的思维。直觉是发明的工具，在具体分析问题之前，根据对原有知识的总结，对问题直接提出假设性结果或猜想，或是对问题做出大胆预测，对科技创新有着重大作用。丰富的想象力有利于创造思维的形成，学生在探究活动时，教师要时刻关注引导学生的思维，保护学生的个性和想象力，防止过早地语言化和程式化。

探究式教学重视学生内在的学习动机。当然，为了唤起学生内在的学习动机，创设问题情境就成了教师必须钻研的工作之一。教师不仅要有方法引导学生去发现问题，而且要鼓励学生调动一切已有的知识并利用合理的思维去解决问题。教师设置的这个问题情境好不好，就看它是否能够起到帮助的作用，去激发学生学习的热情，挖掘学生原有的学习潜力，点燃他们探索求知的欲望。

1. 重视过程和结果

首先，探究式教学要求教师指导学生围绕事物和现象展开主动的研究，并通过探究过程，来对知识之间存在的内在联系进行理解，一方面实现对知识的灵活掌握，另一方面实现灵活运用知识的目的。

其次，探究式教学要求教师要将知识和科学方法二者有机结合起来，基于学生自身的知识，以观察、调查以及假设为代表的多种形式的探究活动，使学生经历收集、分析信息过程，并在其中收获自己的探究结果。通过探究式教学不仅可以培养学生的科学态度，还可以使学生的精神得到培养。

2. 重视知识的运用

关于探究式教学，其所具有的基本特点之一就是学以致用，简单来讲就是使学生的运用知识解决实际问题的能力得到培养和发展。通过探究式教学，可以使学生在掌握知识、运用知识以及解决问题的过程中，更加接近生活实际和社会实际，从而使学生的实践能力得到培养和发展。

3. 重视学生的探究能力

在教学实践中，不要求教师主动将问题的结论或答案告知给学生，然后再通过相关实验过程来对结论进行验证，而是要让学生以多种形式的探究活动，来体验获取知识的经验，使他们对新事物的新认识得以顺利构建，并使学生的探究能力得到培养。

（三）探究式教学的意义

1. 能满足改革者的心理需要

随着教学改革的发展，要求探究式教学除了要能符合教学改革的实际之外，还要能充分满足改革者的心理需要。就当前我国的教学改革而言，其主要包括三个方面的宗旨：首先，要打破传统教学的束缚，即改变那些束缚学生手脚的教学方法和教学模式；其次，要遵循现代化教育的观点，即遵循以人为本的观念，最大限度地为学生创造空间；最后，要以教材中包含的基本知识为依据，重视学生创新精神的培养，同时重视学生实践能力的培养。

只要切实做到以上三点内容，教育改革就能取得一定的成效。这里所指的改革就是指对新的教学途径和教学方法展开探究。教育改革者在改革过程中的实际需要，可通过探究式教学来进行满足。

2. 能促进教师在探究中“自我发展”，破除“自我中心”观念

关于探究式教学，它除了能帮助教师在探究中实现“自我发展”之外，还能破除教师的“自我中心”观念。课堂教学改革是具有很大的难度的，其主要原因在教师身上，一是教师的“自我中心”观念根深蒂固难以改变，二是教师长期沿袭传统的惰性相当顽固。

因此，通过现代教育理念来对传统教学中的观念进行改变，是很困难的。而教师要想改变自己的传统观念，首要的就是在实践中采用探究式教学，不仅要对自身经验进行总结，还要不断汲取别人的经验，其中，也包括向学生学习。教师的角色在探究式教学的实践中，与传统教学实践中的角色有着很大的不同，主要表现是由“台前”走到“幕后”，扮演着“导演”的角色。在探究式教学中，教师除了要安排好适当的场景之外，还要充分激发出学生的学习动机，使学生在教

学中，由观众逐渐发展成为实际的参与者。

（四）探究式教学需遵循的原则

1. 主体性原则

探究主体应该是学生，围绕要探究的问题，由学生自行合作探讨解决问题的方案与策略，并付诸实施，遇到问题尽量自行解决或小组合作解决。事实上，无论是概念教学还是习题教学，当学生明确了要研究的问题之后，教师就要大胆放手让学生自行去研究，教师没必要作提示，否则学生的思维只会被束缚在教师提供的框架下，虽然问题可能比较顺利地解决，但学生缺少了经历“磨难”的探究过程，他们很难对问题的本质有深刻的认识，也缺失了一次提升思维能力的机会。

2. 适切性原则

探究式教学在教学中的应用，关键要有好的题材，并不是所有的概念、定理都适用。所谓好题材是指有探究点、具有开放性。当然，从教材编写的意图来看，概念教学还是希望在教师的引导下，让学生自主探究习得，从而能让学生进一步掌握概念，更能理解概念的本质，与此同时，探究能力也不断提升。

3. 情境性原则

为激发学生的研究热情，经常把教学问题置身于情境中，教材也十分注重情境创设。情境有三重性，既可以是生活化的，也可以是数学学科自身的，还可以是与其他学科相连的。好的情境关键在于能否激发学生主动发现问题、思考问题，进而解决问题的兴趣。不同的问题情境，其所要达成的功效是一致的，即既能调动学生学习的积极性，又能与所要研究的主题紧密相连，通过层层探究，直接指向问题的核心。

4. 引导性原则

引导性原则主要针对教师而言。在探究教学中，设计好的导引问题非常重要，否则会使学生探究受阻。同时，探究如果缺失了教师的有效引导，那就等同于放任自流。在学生探究遇阻时，教师要及时地点拨、引导。导引性问题是需要教师精心设计的，它应该是基于一个好的问题情境下的系列问题，能引导学生一个问题接着一个问题去探索研究，直指问题的核心。问题不在于多，关键要能把问题有效连接起来，便于学生精准研究。

5. 坡度性原则

同一个探究性问题，学生能力不同，实施探究的境况就不同。因此，针对不同的学生，设计的导引性问题的难度、开放度也应不同。问题要贴近学生的最近发展区探究坡度的大小设计，应该基于研究问题的难度以及学生的认知水平，合适的跨度就是让问题能指向思维的“最近发展区”，使学生能“跳一跳”够得着。跨度太大，往往会使探究受阻；而跨度太小，则不能激发学生的探究兴趣。

二、探究式教学的理论基础

（一）认知发展理论

皮亚杰的认知发展理论认为，个体的智慧和认识是在与环境相互作用的过程中发展的。他认为个体的发展既不是由客体决定的，也不是由主体预先设定的，而是主体与客体不断相互作用、逐渐构造的结果。学习的目的不是获得越来越多的外部信息，而是在与环境的相互作用中掌握解决问题的程序和方法。皮亚杰认为，儿童认知的发展始终发生于个体与环境的不断交互作用之中，是一个在同化和顺应的作用下，不断进行重建和发展的过程。

当个体在面临一个新信息时，偏向于将其进行同化，将其纳入已有的认知结构中。若是同化的结果是成功的，那么，则获得一种暂时性的平衡。若是无法将新信息同化于原有的认知结构中，那么体会通过修改的方式，来使认知结构更加适应环境，从而实现一种新的平衡。

另外，关于同化、顺应，其概念述说起来是一种双向的建构过程。同时，同化、顺应还是一种主动建构的过程，个体在这一过程中，要切实地参与进去，是一种在思维层面上的一种积极建构，而不是只在形式上摆弄某些材料。

探究式的学习更多的是发生在学生的头脑中的，并不是通过各种动手活动，来简单地对教材上的结论进行论证。实际上，探究式的教学会涉及许多带有开放、严谨特征的探索过程，包括提出问题假设、查找资料以及分析资料形成结论等。通过探究式教学，一方面，能使学生获得科学的概念；另一方面，培养学生科学的态度和素养，促使学生更好地掌握研究方法。

（二）认知结构理论

布鲁纳（Jerome Seymour Bruner）的认知结构理论反映了美国心理学由行为主义向认知观转变的大背景，反映了皮亚杰、乔姆斯基（Avram Noam Chomsky）等著名的结构主义者的思想精髓。布鲁纳对皮亚杰的认知发展理论进行了深入研究，但他并没有停留在对于儿童的智力和认识的描述性解释上，而是进一步提出了如何促进儿童的智力成长的学习理论和教学理论。

一个人把同类事物联系起来，把它们组成赋予它们意义的结构，就构成了学习的实质，这是布鲁纳关于学习理论的观点。认知结构的组织和再组织的过程就是学习，知识的学习就是相关学科的信息能够被学生理解和吸收，并在学生头脑中形成合理的结构。学生学习任何一门学科的最终的目的就是要掌握这门学科的结构，并且通过其具有的编码系统或结构体系，学生可以将其表达出来。

布鲁纳认为，学生不是知识的被动接受者，而是积极的信息加工者，学习过程是一种主动发现的过程，教师可以通过发现学习把知识转化为适应学生发展的任何形式。发现学习不是布鲁纳的首创，但他从归纳推理和问题解决角度赋予发现学习科学的理论基础，并对发现学习的行动、要素和步骤都进行了深入细致的探讨。

布鲁纳提出发现学习有六个步骤：

第一，提出问题。提出能够让学生产生兴趣和好奇心的问题，而且这一问题必须是明确的。

第二，感受问题。让学生感受问题到底存不存在，以此来激发出学生的探究欲望。

第三，提出假设。引导并提供给学生多种可能的假设，帮助学生开阔思路。

第四，收集资料。教师引导学生以问题为中心，收集与之相关的资料，并在这一过程中不断丰富学生的知识经验。

第五，审查推导。一方面组织学生以搜集到的资料为中心进行审查，另一方面引导学生以资料为依据并推导出结论。

第六，总结分析。教师引导学生运用分析思维，证实结论，解决问题。

发现学习强调发现的方法和态度，突出认识是过程而不是产品，这与探究式学习的核心如出一辙。而基于发现式学习提出的教学方式对探究式教学也有重大的指导意义。

（三）人本主义学习理论

人本主义学习论的诸多学者，都针对学习问题进行了研究，罗杰斯（Carl Ransom Rogers）是其中的杰出代表人物。罗杰斯认为学习是个人主动去学习，并强调学习不仅仅是这个人走进学校学习知识，更是带着自己的感情和情绪还有自己原有的认知去学习，最终通过学习激发自己的潜能，健全自己的人格，实现自我价值。每个人是独立的人，每个人的性格、认知等都是不同的，所以当不同的人遇到同一个事物时，他们的体会一定是不一样的。罗杰斯提出学习是一个有意义的心理过程。对于学生来说，了解自己学习的目的至关重要。意义学习也是学习的实质所在。罗杰斯提出的学习理论，其特点体现在罗杰斯试图将认知与情感相结合，以此来培养出完整的人。罗杰斯关于学习问题的相关论述，使人们重新认识到在教育中情感所能起到的重要作用。

罗杰斯将学习分为两类：一是无意义学习，即一种类似于无意义音节的学习。无意义学习不仅是缺乏枯燥、毫无生气的学习，还是很快就被忘记的学习。二是有意义学习，即一种科学探究式的学习，简单来讲就是一种“从做中学”的学习。有意义学习强调学生出于他们自身的兴趣而学习，同时还比较重视学习内容与个人之间的关系。

总的来说，在教学过程中，一方面，教师要善于构造情境，并通过问题情境的构建，来让学生认识到知识具有的重要性，这样有助于激发学生的学习兴趣，激励学生在探究过程中解决各种真实性的问题。另一方面，教师在教学中扮演着促进者的角色，教师要引导学生去寻找关于问题的真正答案，包括为学生创设探究情境、对探究的步骤进行拟定等，从而让学生感受到探究过程中存在的苦与乐。

三、探究式教学模式与方法

（一）问题探究教学模式

1. 问题的基本分类

（1）以涉及范围大小和难易程度为标准进行分类

第一，以问题涉及范围的大小为划分依据，可将问题划分为大问题、中问题和小问题。

第二，以问题的难易程度为划分依据，可将问题划分为艰难的问题和简单的问题。

第三，以问题的复杂程度以及人们对事物的认识水平为划分依据，可将问题分为浅层性问题与深层次性问题。

第四，以问题是否涉及事物的本质为划分依据，可将问题分为本质性问题与非本质性问题。

第五，以人对问题本质的认识程度为划分依据，可将问题分为真实性问题、虚拟性问题和虚假性问题。

（2）以来源、性质和认知程度为标准进行分类

第一，以人类的活动性质为划分依据，可以将问题分为生活问题、学习和教育问题等。

第二，以人的预见性和目的性为划分依据，可以将问题分为灾难性问题以及必须解决的不期而遇的问题等。

2．问题探究教学的特点

教学的良好开端，就始于问题。从问题的角度出发，对学生的思维能力进行培养，相应的，教师的角色也会发生改变。在教学中，教师除了要扮演知识的传授者、讲解者以及促进者的角色之外，还要对问题进行精心设计。学生思维活动不断发展的重要动力，就是教师提出的问题，这是一种外部动因。问题对学生的思维所能起到的作用，主要具有以下四个方面的特点。

（1）始动性

这一特点是指问题对学生的思维具有启发的作用，是推动学生思维发展的外部推动力。

（2）强化性

这一特点是指教师提出的问题在目标方面和难度方面越高时，对学生思维强度提出的要求就越高。教师以问题来对学生的追忆、联想、分析、综合、归纳、演绎、类比、概括进行引导，并进行创造性思维，使学生获得新知。

（3）方向性和指导性

这一特点是指教师面向学生提出的问题，就已经为学生的思维发展方向和具体任务进行了规定。学生按照教师指出的既定方向进行思考，即将学生带入问题的具体情境之中，集中他们的注意力于特定的事物、现象以及原理之上。

（4）调控与调整性

这一特点是指基于教师提出的问题具有的始动性、方向性以及指导性，可以做到对学生思维发展速度进行控制与调整。也就是说，教师以教学目标为依据，一方面，围绕着问题的难易程度进行调整；另一方面，针对问题的强化性进行改变。这样做可以影响学生思维发展的进程，使其发生延缓或者是加速。

3．问题探究教学的实施策略

首先，搭建民主平台，并使学生树立起主体意识。其次，从多角度出发，对学生的问题意识进行培养。再次，对备课模式进行改变，使备课围绕着问题这一核心和主线展开。最后，要重视教学组织形式的重组，为学生创造出一个更大的探究空间。

4．问题在探究式教学中的作用

（1）实现探究式教学

问题引发思维，探究从问题开始，没有问题就无从探究。教学中，提出一个设计巧妙的问题，常常可以一下子打开学生思维的闸门，使他们思潮翻涌、欲罢不能，或积极分析问题并寻找解决问题的办法，或主动收集信息、处理信息，或求助于人、合作交流……使学生深入思考，主动探究，积极发言，最终掌握知识，发展能力，形成一定的思想观点和个性品质。这种教师把学习内容以问题的形式呈现出来，给学生提供积极思考、主动探究的学习方式，替代了死记硬背、机械训练、被动接受的“灌输式”学习方式，改变了传统的过于注重知识传授的倾向，激发出学生积极主动的学习态度，使学生获得基础知识与基本技能同时学会学习和形成正确价值观的过程，完全可以讲，只有问题才可能使“以教师为中心”的教学转变为“以学生为中心”的教学。

(2) 引发学生积极思维

思维是人脑对客观事物概括、间接的反应，是高级的理性认识过程，是人们智力的核心。课堂上，一个设计巧妙的问题一经提出，学生就会开启思维的大门，围绕问题确定的思维方向付出持续的心理努力，不解决问题，就会怏怏不乐。这种问题对思维的催动、引发作用，心理学上有着令人信服的解释。

(3) 集中学生的注意力

问题的提出，能够将学生的注意力维持在一个较高的水平，保证了教学活动的顺利进行。当然，教师提出的问题，并不是都能使学生的注意力集中的，因此，教师要对问题的内容进行精心的设计。为促进学生注意力的进一步集中，为使学生的学习效果得到进一步增强，教师要最大限度地使问题的内容具备新奇性和思维挑战性两种特性。

(二) 自主探究教学模式

所谓自主探究教学模式，就是对学生的自主学习进行引导，以此来促使学生更加自主、自觉地展开学习。

1. 自主探究教学模式的主要特征

第一，在自主探究教学中，在重视学生的参与性的同时，还要重视适度合作探究具有的辅助作用。

第二，教师是教学部分的主体，学生是学习部分的主体。在探究式教学中，由教师和学生共同构成了师生关系的主体，并且这种关系是带有主体性和民主性的。

第三，在探究式教学中，一方面强调问题设计具有的合理性，注重教学具有的有效性；另一方面重视教学具有的多维互动性的，同时注重教学方式具有的多样性。

第四，在探究式教学中，首先，不仅重视教学过程的研发性，还要重视教学过程的开放性。其次，要充分发挥学生在教学过程中的主体意识。再次，既要重视学生创造力的开发，又要重视学生创新意识的发展。最后，要重视教师对学生具有的引导、启发作用。

2. 自主探究教学中存在的问题

第一，自主探究教学流于形式，探究中的任务由于没有教师的适当指导而无法完成。

第二，在探究式教学的课后探究方面，若是教师的指导不足，将会导致课后延伸草草收场。

第三，在教学时间安排方面，若是教师的安排不足，将会导致自主探究只是走个过程，无法实际运用。

第四，在自主探究教学中，教师承揽探究，忽视了学生主体作用，学生既提不出问题，也不具备猜想的能力。学生在探究过程中，只负责验证探究，既不能体验到成功的乐趣，也不能体验到探究具有的必要性。

第五，在自主探究教学中，若是教师选择的教材不恰当，那么，将会导致探究意义的缺乏。在信息收集过程中，若是教师没有布置恰当，将会导致学生无法实现资料的顺利收集。

3. 自主探究教学中问题的解决方法

第一，自主探究教学中，教师既要充分相信学生，也要促进学生主动参与，同时，还要使学生的主观能动作用得到最大限度的发挥。

第二，自主探究教学中，教师要以教学需要为依据，并与学生的实际情况相结合，展开适时引导。同时，教师还要关注探究内容，重视其所具有的适度性、可操作性以及趣味性。

第三，自主探究教学中，教师要主动成为学生的一员，也就是及时介入学生的探究活动之中；要重视课后的探究，并适当地对学生进行必要指导。

第四，自主探究教学中，教师要在课前下发“导学学案”，其目的是使学生围绕着教学内容进行预习，并寻找到相关资料。

第五，自主探究教学中，教师要及时更新观念，给予学生充分的可支配时间，并相信学生能利用好这段时间。

第四章

高校英语信息化教学模式创新

第一节　英语信息化教学模式的设计与构建

一、建构主义指导下的信息化教学模式的设计原则

基于对建构主义学习理论内涵的认识，建构主义指导下的信息化教学模式设计思路可概括为：在整个教与学过程中，强调以学生为中心，利用情境、协作、会话和资源等学习环境要素，通过对学生的知识、认知特征和背景的分析，设计适应学生的学习资源、学习策略、认知工具，并通过教师和学习伙伴的帮助，充分发挥学生的主动性、责任感和创新精神，有效地实现对当前所学知识的意义建构。在这种模式下，学生是知识意义的主动建构者；教师是教学过程的组织者、指导者，以及意义建构的帮助者、促进者；教材等教学资源是学生主动建构意义的对象；视听媒体是用来创设情境进行协作学习和会话交流，即作为学生主动学习、协作探索的认知工具。因此，构建信息化教学模式时可遵循以下设计原则。

（一）学习自主性原则

学习是学生建构自己知识结构的过程，这就意味着学生既不是被动地接受来自外界的刺激，也不是把知识机械地从外界搬到记忆中，而是在原有经验的基础上，主动地对外部信息进行选择与加工，通过新旧知识经验间反复、双向的互动作用过程来获取、建构新知识。也就是说，无论是语言知识还是语言技能，都要靠学生自己主动去学、去练，这样才能有长进，教师的作用只能是主导而不能包办代替。因此，学生要通过学习策略训练，培养自身的自主学习能力，在教师、同学等的帮助下实现知识意义的主动建构。

（二）真实情境创设原则

建构主义认为，学习是一个积极主动的、与情境联系紧密的自主操作活动，在这个过程中，知识、内容、能力等不能被训练或被吸收，只能被建构。由此，情境学习的建构总是以学生已有的知识结构为基础，有选择地知觉外在信息，根据具体实例的变异性建构当前事物的意义。即情境学习借助获得的学习资源，把所学的知识与一定的真实任务和情境挂钩，倡导合作学习，解决实际问题。情境教学具有以下特点：首先，学习的任务情境应与现实情境相类似，以解决学生在现实生活中遇到的问题为目标；其次，教学过程应与现实中问题解决过程相类似；再次，科学科目的教学应创设有丰富资源的学习情境，其中应包含许多不同情境的实例和有关信息，以便学生根据自己的兴趣、爱好去主动发现和探索，从

而实现学生的认知灵活性，形成对知识的多角度理解，把知识学习与具体情境联系起来。通过多次进入重新安排的情境，使学生形成背景性经验，从而掌握知识的复杂性及相关性，在情境中形成知识意义的多方面建构。

（三）学习的社会性原则

建构主义认为，学生与周围环境的相互作用对于知识意义的建构起着关键性的作用。知识不是抽象的，而是与学习的情境、学生带入这一情境的经验及周围环境有密切关系。知识的复杂性使得学生不可能对知识有全面的理解；同时，由于情境中问题的艰巨性，学生也不可能完全独立解决。学生主动从不同背景、角度出发，在教师或他人的协助下，通过独特的信息加工活动（争辩、讨论和提供证据）实现知识意义的重新建构，从而使面对面的或通过多媒体网络进行的“协作学习”成为必然。学生与周围环境的交互作用，促使学生对知识的理解将更加丰富和全面，认知水平也随之得到提升。因此，体现学习社会性的“协作学习”是整个学习群体共同完成对所学知识的社会性建构。

二、信息技术为建构主义理论提供技术支持

信息技术的发展和应用为建构主义学习理论提供了技术层面上的有力支持，促进了教学观念的根本性变革。自主学习理念的应用有效地克服了传统教学中的种种弊端，提高了学生的认知能力和分析、解决问题的能力，使大学生的素质教育和创新教育落到了实处，为建构主义学习理论的应用奠定了基础。

（一）超媒体与自主学习

认知心理学的研究表明，人类思维具有联想特征，经常从一个概念或主题转移到另一个相关概念或主题。超媒体是按人脑联想思维方式非线性组织管理的一种先进技术。它按照人脑联想思维方式，将文、图、声、像等不同媒体信息整合，将讲解、演示、测验等不同教学内容整合，将预备知识、当前知识与扩展知识整合，构成了一个丰富而生动的超媒体学习环境。这和人类思维的联想特征相吻合，从而实现对教学信息最有效的组织与管理，使得学生自由联想能力得到发挥，促进创造能力的培养。同时，教学信息的非线性使学生可以根据自己的实际情况，通过联想，自由选择不同的路径，进入不同的链接点，从一个主题跳转到另一个主题，即从一个链接点跳转到另一个链接点，灵活地浏览各节点的内容(包括文本、声音、图形、图像、动画等)，为自主学习奠定基础。多媒体技术的交互功能提供了图、文、声并茂的多重感官综合刺激，使得学生可以依据自己原有的认知结构、认知水平和兴趣，自由选择、自主控制学习内容及其呈现方式。

（二）虚拟现实技术与情境学习

虚拟现实是计算机与用户之间的一种更为理想化的人机界面，人可与计算机生成虚拟现实环境进行交互。与传统计算机相比，虚拟现实系统具有三个重要特征：临境性、交互性、想象性。在现代教育技术环境中，虚拟现实技术应用图形、声音和图像再造构建出逼真的课堂教学情境，将学生置身于其中，以求获得最佳的教学效果。人与计算机生成虚拟现实环境的交互，在虚拟现实技术“构建”的交互性课堂中，教师和学生可以是真实的或虚拟的，学生可以是一个或多个，教学模式可以多样化，教学方法的可选择性使得教学进度可由多方控制。在教学过程中，学生和教师同是教学的设计者和控制者，克服了传统班级授课限制学生主动性和独立性的缺点，确保了师生双方的作用得到充分发挥。虚拟现实技术创造和展示各种趋于现实的学习情境，把抽象的学习与现实生活融合在一起，有效地激发了学生的思维，使得学生以丰富的想象力实现知识意义上的建构。

（三）多媒体通信网络技术与协作学习

计算机通信网络与多媒体技术融合而成的多媒体计算机通信网络是计算机网络和多媒体技术发展的必然趋势，它兼有计算机的交互性、多媒体的复合性、通信的分布性及电视的真实性等优点。在网络学习环境中。学生既可实现信息资源共享，也可实现利用网络介质进行信息交流，打破了地域和时间上的限制，学生自主地选择学习内容、学习方法、学习时间、学习地点、学习条件，改变了被动的、被支配的、受监控的地位。网络资源共享丰富了学生可获取的学习的资源，维护了不同层面的学生平等受教育和平等竞争的权利，为面向民众的全面素质教育的实施和语言文化交流的国际化奠定了基础。网络教学中的“协作学习”“小组讨论”“在线交流”等学习策略使师生之间、学生之间通过交流信息实现情感互动。换言之，网络中的“协作学习”对高级认知能力的发展、合作精神的培养和良好人际关系的形成等具有明显的支持作用。

三、高校英语信息化教学模式的构建

基于以上分析，信息化教学的某些特征为建构主义学习理论提供了技术层面上的支持，其学习环境与建构主义学习理论所主张的学习环境相一致，体现了学习的自主性、情境性和社会性。因此，用建构主义指导信息化教学必要且可行。高校英语信息化教学模式可按教学目标、情境创设、自主学习、协作学习、意义建构五个关键环节进行教学设计。

（一）教学目标分析

本环节主要负责分析教学目标，确定学习内容，提出本课或本单元要达到的教学目标，以确定当前所学知识的“主题”，并以此组织教学。大学英语是一门语言实践课，从语言发展的内在规律来看，听、说、读、写、译五项语言基本技能是紧密相连的。听、读过程是学生自外而内获取语言知识，即输入过程；而说、写、译则是学生将所学知识自内而外的再现过程，即输出过程。因此，学生要根据自己的实际情况构思完成教学目标的方法与手段，通过学习操作实践去实现教学目标。教师提出的教学目标的难度应以大多数学生能通过为宜，并应具有层次性，以适应不同程度的学生。教师通常还应指导学生将一些大的任务分解为几个小目标，以便学生分步进行学习研究。

（二）创设真实情境

建构主义认为，学习总是与一定的社会文化背景（即“情境”）相联系的，在实际情境下进行学习，可以使学生能利用自己原有认知结构中的有关经验去同化和索引当前学习到的新知识，从而赋予新知识以某种意义。如果原有经验不能同化新知识，则要引起“顺应”过程，即对原有认知结构进行改造与重组。总之，要通过“同化”与“顺应”来达到对新知识意义的建构。学习个体不同，认知特点也会不同。教师要帮助学生分析自身的知觉、记忆、思维以及动机、经验、情感等因素，找到学习内容与自身认知结构的结合点，用最符合学生认知心理的外部刺激去促进他们对新知识的同化和顺应，完成知识意义的建构，并把其智力引向更高的水平。教师可通过实时模拟、双向答疑、视/音频文字一体的多媒体、BBS讨论区、教学内容的网上交流等多种途径，实施教学计划指导下的非实时自主学习，以调动学生的所有感官和过去的经验去探索与解决问题，使其对知识的掌握得更加透彻、更加形象，从而有效地促进其朝着个性化学习、自主式学习方向发展，使学生在因材施教、个性化发展的过程中完成提高语言水平的实践。因此，创设从不同侧面、不同角度表征知识的多样化情境，可为学生的探索提供多条路径，使其可随机进入任意学习情境，实现知识的正迁移。

（三）自主学习

当代英语学习理论强调，学生在学习过程中起决定性作用。在网络学习环境下，学习被看成是学生自发地与外界相互作用的产物。学习不是死记硬背，而是一个积极地从所发生的事件中寻求（甚至强加）意义的创造性过程。在这个过程中，学生要根据自身的水平，寻找适合自己能力的学习起点、学习目标以及学习内容和方法，并确定自己的一套评估体系。也就是说，教学对象要从客体过渡为主体，语言本身、教材和教法属客体，是外部因素；学生是主体，是内部因素。学生借助多媒体网络教学系统提供的弹性学习环境，随时随地开展学习，并且能够下载或输出所需材料，从而实现网络资源的提供者和获得者实时和非实时的交流。自主学习的方式突破了课堂时间的限制，不仅适应不同水平、不同学习要求和目的的学生，也体现了个性化的教学原则。

（四）协作学习

由于知识的复杂性和在情境中解决问题的艰巨性，个人根据自己的经验所建构的对外部世界的理解是不同的，也存在着局限性，通过意义的共享和协调，才能使理解更加准确、丰富和全面。由此，协作发生在学习过程的始终，会话是协作过程中不可缺少的环节。学生通过在内容丰富的情境中的对话与合作，通过对各自见解的协商而实现对新知识的构建与共享。可以说，会话是达到意义构建的重要手段之一。在信息化学习环境下，学生面对面地进行实时在线语言交流或通过多媒体网络进行实时的文字交流的“协作学习”，使得每位网络资源提供者和获取者的思维与智慧将被整个网络学习群体所共享，即整个学习群体共同完成对所学知识的意义建构。尽管“理解”属于个人的建构物，无法共享，但可以与他人进行交流，通过交流检验和修正自己的“理解”，使之更符合客观规律。网络资源提供者和获取者之间有着动态的信息交互，学生既通过访问网络站点进行在线学习，也可通过文献检索在线资源来选择自己所需的学习内容，以达到获得知识的目的。在学生与教师的协作过程中，学生获得教师的帮助，教师获得学生的信息反馈。在情境中学习时，教师既是组织者也是参与者，他们既可以通过电子会议系统、电子黑板等实现同步协作，也可以通过 E-mail 实现异步协作。“协作学习”可在两个以上的学生之间进行；既可以在有组织的情况下进行，也可以直接面对面地进行或通过 BBS 论坛进行。学生可在比较分析同一问题的不同观点时提升自己的认识结构，加深对知识的理解，并在对不同观点进行梳理的过程中，提高自身知识意义建构的能力。

（五）意义建构

意义建构是学习过程的最终目标，所需要建构的意义是指知识或学习主题等的意义，即事物的性质、规律以及事物之间的内在联系。在这个环节中，学生要根据自身在学习过程中，通过各种不同形式获得的各类不同信息形成自己的学习体会或研究成果，并且以文字材料、视听媒体、影音资料、多媒体课件和主页等多种形式将成果具体体现出来，以汇报学习成果并进行总结评价（包括学生个人的自我评价、学习小组对个人学习的评价及教师对学生的点评），主要目的是使学生在一个完整、真实的问题情境中，产生学习的需求，并通过学习共同体成员之间的协作学习，通过学生主动探索、亲身体验，完成对知识的意义建构过程。实践证明，意义建构是使学生适应真实生活，逐步学会独立认识问题、提出问题和解决问题的一条十分有效的途径，有助于学生在综合实践中提高自身的综合素质。

科学技术的高速发展使得信息技术应用为建构主义学习理论提供了技术层面上的支撑，优化了高校英语教学资源、教学环境、教学过程与教学目标，促进了学生的学习效率和教学效果的提高。这说明信息化教学代表着先进的教学理念和先进的教学手段。

应该说，现代信息技术所构建的英语教学环境具有了情境的信息化、英语学习的全球化和个性化，为高校英语教学模式的改革奠定了坚实的基础。因此，现代教育技术支持的当代建构主义学习理论对于知识建构的意义可诠释为：学习是学生主动地建构内部心理表征的过程，它不仅包括结构性的知识，而且包括大量的非结构性的经验背景；学习过程既要运用原有的经验建构对新信息的理解，也要建构从记忆系统中提取的旧信息；不同的学生对事物的理解（建构）不同，协作学习有助于使理解更加丰富和全面；其主要表现在学习过程中，强调以学生为中心，同时不忽视教师的指导作用；强调“情境”和“协作”等学习环境的设计；强调利用各种资源来支持自主学习，达到学习的最终目的。

第二节 英语信息化教学模式的具体实践

所谓信息化教学，是指以现代信息技术为基础的一种新型的教学形态。信息化教学模式是教学模式在信息化时代条件下的新发展，是基于信息技术的教学模式或数字化/信息化学习模式。它是信息技术支持的教学活动结构和教学方式，也是包含技术丰富的教学环境、相关教学策略和方法的教学模型。信息化教学模式会给英语学习带来许多重大的变化或变革。首先，信息时代的学习要求从传统的维持性学习向创新性学习转变。创新性学习本身又有三大重要特点：一是怎样迅速、充分、有效地选择获取和存储所需的信息；二是怎样利用它来解决问题；三是怎样打破常规重新组合。其次，创新性学习要处理好“学会”与“会学”的关系。在英语学习上，“学会”是指构建必要的英语知识基础，掌握某些专门化的知识和技能；学习的内容不仅包括知识和技能，还包括态度、动机、方法和行为习惯等。“会学”是指学会学习，在学习过程中培养各种学习能力，如表达、记忆、观察、思维和信息能力等，其中的核心是思维能力和创新能力。

信息化教学模式有许多种，但较为常见的有网络探究教学模式、基于项目的学习、基于案例的学习、基于资源的学习、探究学习、协作学习、基于电子档案的学习、个性化学习、个别授导、智能导师、情境化学习、虚拟教室等。随着英语教学信息化过程的不断深入和发展，新的信息化教学模式还将不断出现，形成丰富的信息化教学模式的种类。本节重点介绍网络探究教学模式和小组协作教学模式。

一、网络探究教学模式

网络探究教学模式，英文为 WebQuest Model。WebQuest 是由 Web 和 Quest 两个词组成的复合名词，Web 英文原义是“网络”，Quest 有“寻找”“探索”的意思，因此 WebQuest 是一种“网络探究”的活动，引申于英语教学就是“网络探究教学模式”。

网络探究作为探究学习活动的一种具体形式，主要是依托互联网强大的信息资源来训练学生的探究能力。在网络探究中，学生可以最大限度地利用网络资源，主动发现英语领域中的未知问题，探究解决问题的方法，建构知识，学会英语。

网络探究学习的目的是要让学生充分利用时间，使用信息（不仅仅是收集信息）并帮助学生分析、综合和评价各种信息资源。因此，网络探究学习方式按学习探究的时间可分为两种：短期网络探究模式和长期网络探究模式。短期模式强调知识的获取和整合，学生获得并理解了一定量的有用信息，据此主动建构知识。短期模式约 1～3 个课时，大多可以用于日常教学。长期模式强调知识的拓展和提炼，学生通常要就一个完整的课题或任务进行有计划的信息搜寻并进行深入的信息分析和较为全面的知识重组。长期模式可以为一周也可以为一个月，大多可用于小组合作课题研究。

关于网络探究教学模式的设计，一般要遵循这样五个原则，也有学者称其为 FOCUS 原则：F——寻找合适的网站（Find great sites）；O——协调组织学生和学习资源（Orchestrate your learners and resources）；C——激发学生思考（Challenge your learners to think）；U——选用媒体（Use the medium）；S——帮助学生达到高水平学习期望（Scaffold high expectations）。

（一）寻找合适的网站

在这一模式中，学生寻找（选择）合适的网站进行学习至关重要，因为合适的网站能够向学生提供恰当的学习材料，使课堂学习得到充分的延伸。要寻找合适的网站，学生必须注意以下三个方面。

1. 熟练运用搜索引擎

在搜寻相关的学习信息时，要掌握查找技巧和搜索引擎的高级规则，以便快速高效地搜寻到所需要的信息。

2. 深度挖掘网页信息

目前互联网上的网页多达几千亿，通过搜索引擎可以查询到的也有十几亿，当然英文网站或适合学英文的网站也是不计其数，此外还有许多通过网络能查到的档案馆、数据库、博物馆等也能成为学生的选择对象。

3. 善于收藏已发现的优秀网站

在众多的网站中，一旦发现有助于英语学习的网站或资源库，应该及时地把它保存起来，而且要不断地进行跟踪。

（二）协调组织学生和学习资源

协调和组织学生以及合理安排学习资源是网络探究学习的重要组成部分，在设计网络探究学习时应对以下两个方面加以重视。首先是如何组织好学生。成功的网络探究学习应该与和谐的小组学习环境有关，而和谐的小组学习环境更需要把学生很好地协调和组织起来。协调和组织学生应包括这样几个方面：积极互动、角色协调、分工负责、协作互助。在网络探究学习中，学生会根据学习任务进行一定的信息探寻，同时要进行及时的互动交流，相互促进。在交流互动的过程中，学生要明确各自的角色，要明白没有伙伴的支持任务不易完成。小组成员的分工要明确，这样才能对任务中的某些部分负责。在此基础上，小组成员要懂得如何相互合作，只有在协作互助中学习任务才能圆满地完成。其次是学习资源的有效组织和合理安排。应该说，网络上的英语学习资源是非常丰富的，因此如何优化组织这些学习资源是网络探究学习必须关注的。

（三）激发学生思考

一般在网络探究学习中，可以采取以下方法引导和激发学生思考：①使任务具有挑战性。任务的设计和选择必须考虑其完成过程的难度，这种任务的难度不仅要体现在学生对任务的理解上，而且更重要的是体现在学生解决问题的能力上以及创新设计、逻辑判断的能力上。②使任务真实化。任务设计应接近现实生活，尤其是任务的主题要来自社会的实践活动，同时要注意任务中活动的可操作性，使学生学会能用于现实生活的语言技能。③使任务全面化。任务的设计要有全面的考虑，既使任务具有一定的难度，又使学生能通过任务学会从多种角度全面地看问题，以提高他们解决问题的能力。

（四）选用媒体

网络探究学习不一定完全限于使用网络资源，也可以充分利用书籍、刊物等其他媒体，以达到探究学习的目标。因此，在选用媒体上应充分注意以下几个方面：

首先，要注意互联网不仅仅是一种计算机的网络，更重要的是人的网络和专家资源的网络。学生除了选择适宜、有趣的网页供学习之用外，还可以寻找到大量共享的专家智慧资源。

其次，要注意在学习过程中与他人交流，学生可以通过网络交流软件与专家或其他学生进行信息交流。通过网络上交流互动，学生可以取长补短，启发思路，共同提高。

最后，要注意学习内容的合理选择。应该说，网络是一个多媒体的环境，可提供无限量的学习资源，选用合理，则能提高学习效率；否则，会分散学生的注意力，不能达到应有的学习效果。

（五）帮助学生达到高水平学习期望

网络探究学习可以让学生在平时不敢想象的情境中进行学习，达到传统教学很难达到的学习效果。此外，在网络探究时，教师可以帮助学生搭建“脚手架”。一般情况下，网络探究学习可提供三类“脚手架”：接受支架、转换支架、输出支架。

接受支架的作用主要是指导学生如何根据已定的网络学习资源和已有的知识展开学习活动。网络探究学习时，学生往往会面对海量的网络资源信息，如果缺乏指导，学生可能会无所适从。因此，具体的接受支架往往会在观察指导、会晤技巧、在线词典的实例中体现出来。

转换支架主要是指一些网络探究学习中的方法和技巧，如比较、对照、归纳、总结、讨论、推理、决策等。在学习过程中，学生将接收到的信息进行加工和重组，将其转变为新的形式，这就需要转换支架的帮助。

输出支架主要是指学生通过学习将自己的认识和创建的成果呈现出来。学习成果的呈现可以借助一定的输出支架，如模版、写作向导、多媒体、各种组件等。

总之，“脚手架”的作用是要帮助学生超越其以前已具备的语言能力，以更有效地内化学习内容，自主地完成学习任务。

二、小组协作教学模式

小组协作教学模式，亦称计算机支持的协作学习模式，有别于传统的计算机辅助的个别化教学。个别化注重学习中的人机互动活动，而协作学习强调利用计算机支持学习同伴之间的交互活动。小组协作学习是以一种小组或团队的形式，组织学生协作完成某种既定学习任务的教学形式。

（一）小组协作学习的基本要素

第一，小组协作学习需要的就是成员间要积极地相互依赖，因为这是协作的基础，没有依赖就谈不上协作。积极的相互依赖要求每个成员都要明确各自的责任，即进行指定材料的学习并完成共同的学习任务。根据英语教学的特点，积极的相互依赖主要包含三个方面，分别是：①有明确的小组学习任务，而且每个成员必须明白各自的实际任务分工。②分工不等于“分家”，每个成员必须明白各自所承担的任务对完成小组整体任务的重要性，只有每个分工任务做好了，小组任务目标才能完成。③小组任务完成，获得了成功，必须有褒奖。这样就能增强未来完成任务的信心，进一步促进积极的相互依赖。此外，积极的相互依赖还必须有积极的角色分工，如在完成某一学习任务时，有设计者、记录者、理解检查者、鼓励者、解释者、角色参与者等。这样，成员间就有了角色的相互依赖性，即特定的角色义务。角色预示了小组成员对自己贡献的期望，同时每位成员又期望其他成员的角色配合，这就是相互依赖。可见，积极的相互依赖主要体现在共同的小组成果和目标实现的相互努力上。

第二，小组协作学习需要成员间面对面的互促交流，即通过面对面的共同工作，沟通思想，促进交流。互促交流主要有以下几个方面情况需要考虑：①要考虑并确定小组活动的时间。小组成员间应有足够的时间进行交流，每位成员要毫无保留地说出自己的想法；②要考虑个体思想的独特性。个体成员都会根据自己的理解或价值观对学习任务形成特有的想法，所以成员间一定要互信、互补、互励以促进交流；③要考虑对小组学习任务评估的及时性。对学习任务的进展情况要进行及时的评估，注意成员间的心理调节和工作协调。因为及时评估、适当协调、个体关心、相互鼓励都是促进成员间相互交流的有效手段。高效的小组协作学习还可通过相互有效帮助、资源相互交换、信息高效加工得以实现。

第三，小组协作学习需要构建小组和个体的职责。小组的职责主要体现在业绩评价、结果反馈、同类比较三个方面，而个体职责则表现在完成个体任务、评价个体业绩、反馈评价结果、提供鼓励和帮助四个方面。在小组协作学习时，应当尽量避免出现这样的状况，即小组成员的职责难以确定、个别成员的工作成为多余、个体不对小组成果负责、成员处于消磨时间的状态等。个体职责的构建步骤是：①确定小组人数。通常是人数越少，个体职责就越大。②给每个学生做选择的机会。学生的选择往往会与个体特点较为吻合，所以也就较能胜任相应的职责。③鼓励展示自己。随机挑选学生向全班展示他们小组的工作，这样能激发其责任意识。④观察小组的协作过程。注意观察学生的特点和特长，尤其是信息技术应用方面各成员的特长所在。⑤明确小组任务与角色作用。任务分工到位也就相应地明确了成员的小组角色作用。至此，每位成员的个体职责也就构建完毕，小组协作学习开始。

第四，小组协作学习需要有人际与小组的交流技能。人际与小组交流技能实际是一种社交技能或与他人进行交流的能力。为了进行高质量的协作，学生必须学会社交技能并应用于他们的小组协作中，以促进相互间的有效工作。一般来说，英语教学中的小组协作学习往往都是一些任务型的学习方式，而这种任务又会涉及许多互动的内容。要使任务型学习以互动方式运转起来，人际与小组技能至关重要。所以在小组协作学习过程中，既要求学生围绕课程内容展开协作，又要求他们必须学会社交技能。应该说，成员的社交技能（信任、理解、支持、协调、建议等）越强，其完成协作学习任务的质量就会越高。

第五，小组协作学习需要高效的小组组织工作。一般认为，小组运行的效果决定了小组工作的有效程度。小组运行就是小组协作活动的组织工作，教师应该在此工作中起着举足轻重的作用。教师的具体工作应该包括：①观察与评价。观察为教师了解学生的总体情况提供了一个窗口，在小组协作学习中更是如此。观察要有内容，包括观察的目标、对象、活动、反映及其他信息。在观察的基础上，教师要进行一定的快速分析和决策，并给予切合实际的评价。评价要有记录，尤其要注意对不同小组的学习结果进行比较，以便及时提出反馈。②倾听与反馈。学生完成了小组协作学习，教师必须预留时间让小组成员对小组协作的有效活动进行描述或展示。教师要细心倾听，记录有关要点。随后，教师要将结果反馈给每一个小组，对小组学习有利的个体努力应该给予确认和表扬，对于小组学习中出现的问题要有分析、解释和建议，促使小组成员进行反思以提高今后小组协作学习的质量。③鼓励与指导。教师要对协作成功的效果进行研究，对于有创新性的成功实例要及时地给予鼓励，帮助学生建立做下去的信心。但是，仅有鼓励还是不够的，教师还应在各方面提供帮助和指导，尤其是在个体职责、社交技能、专业知识、活动设计等方面的指导更为重要。

（二）小组协作学习的形式

在计算机网络的支持下，学生可以突破地域和时间上的限制，进行小组讨论、同伴互教、小组练习、小组课题等协作性学习活动。基本的协作学习模式有许多种，如竞争、协同、角色扮演、小组评价、问题解决等。

1. 竞争

这种学习形式是指两个或多个学生在网络上针对同一学习内容或情境进行学习，看谁能够率先达到教学的目标要求，犹如竞赛。由于学生的这种竞争关系，学生都会在学习中全神贯注，努力争胜，往往会取得较为显著的学习效果。这种学习形式一般采取以下步骤：首先，网络学习系统（学习平台）提出学习目标或问题，并提供相关的信息。其次，学生可以选择学习的竞争对手，确定好竞争协议，开始解决学习问题。过程中，竞争双方都可以看到对方的状态，并可以随时调整学习策略，直至学习任务的完成。这种学习形式的优点是学生有较强的学习动力，效率较高，但较为明显的不足之处是竞争双方原来的外语水平差异以及学习问题的难易程度较难控制。

2. 协同

这种学习形式是指多个学生共同担负起某个学习任务。在学习过程中，每个学生可以选择他认为最合适、最有效的方法与其他人合作，发挥各自的特点，相互帮助，相互提示，相互依赖，分工合作。学生在相互合作中逐步形成对学习内容的正确理解和领悟，以集体的智慧完成学习任务。这种学习的优点是能充分发挥每个学生的长处和团队精神，但缺点是相互的协调有时较难处理。

3. 角色扮演

这种学习形式是指学生通过扮演不同的角色来完成学习任务。通常情况下，角色扮演有两种：师生角色扮演和情境角色扮演。所谓师生角色扮演，就是让学生分别扮演学生和指导者的角色。学习者回答问题，进行学习，而指导者则检查、解答、评价学习。在学习过程中，学生可以根据不同的学习任务互换角色。情境角色扮演是要求若干个学生按照与学习主题相关的情境分别扮演不同的角色，以创设一种与真实生活相近的英语操练场景。这种学习形式可以使学生犹如身临其境，体验和理解学习内容和学习主题的要求，从而更有效地实现意义建构。这种学习形式的优点是可以有效培养和锻炼学生语言的综合应用能力，但缺点是学生对学习任务的“知识差距”较难衡量。

4. 小组评价

这种学习形式是指学生以自己的实践体验来评价学习成果，并通过评价促进进一步的学习。小组评价最重要的是要让学生学会评价，尤其在计算机网络环境下，学生既要对小组成员的学习进行评价，又要对小组整体的学习情况（组织、计划、进程、协调、互助、团队精神等）进行评价。无论是成员个别评价还是小组整体评价，学生必须转变观念，从以教师为中心的观察和测试评价转变到以学生为中心的互动合作评价。评价内容不仅包括学术方面的，而且还包括社交、文化等其他方面。在这种学习过程中，教师应该让学生明白评价绝不能只依赖教师，并充分鼓励学生进行积极、中肯的小组评价。

5. 问题解决

这种学习形式是指学生以解决某种问题的方式来进行学习。这实际上就是任务型学习的一种：首先提出并确定问题，其次分析问题，最后解决问题。通常情况下，问题的确定很关键，必须有周密的考虑。问题应多种多样，既要符合学生的需求和兴趣，又要符合英语教学的规律。在分析问题的同时，要做好计划并明确小组分工。解决问题时，要相互合作、相互促进，以综合、灵活的方式解决问题，完成学习任务。

第三节　信息网络英语教学中的交互和反馈

交互性是网络教学的生命所在。早在20世纪70年代就有研究者用信息论原理研究教育问题，把教学过程看作师生间的信息流动。信息交流使信息由思维外化为语言，语言实践使语言由形象内化为信息。学生只有在语言实践和信息交流的过程中，在形象思维与抽象思维，即直观思维与逻辑思维彼此协调统一的基础上，才能从感性认识发展到理性判断，把语言知识转化为语言能力，最终实现对知识的主动建构。高度交互的多媒体计算机加速了这种信息流动。网络教学的课程设计者就要在设计过程中强化这种交互性，使操作者能利用人机之间的交互功能，灵活调用声、像、文并茂的教学信息，激发学生的求知欲、创造欲，加深对知识的认识和理解。网络课程质量评价体系的一个重要指标就是教学交互和反馈。其中，教学交互是评价网络课程教学设计质量的二级指标，反馈是评价网络课程学习评价质量的三级指标。

一、交互和反馈的概念

交互指系统中各部分之间的互相作用，也指在人类活动过程中，人与人、人与事物之间的互相作用和影响。教学交互是指在教学过程中的人与人、人与事物之间的互相作用和影响，比如教师和学生在特定的教学环境中进行的相互交流和相互作用。

反馈是指一个过程或系统的一部分信息由输出通道向输入通道的返回过程。反馈信息通常用于维持运转或控制一个系统或过程。教学反馈是连接学生、教师、学习资源的媒介，它传递的是一种单向信息。

信息网络英语教学中的交互是指在信息网络英语教学环境中，当学生和教师处于准分离的状态下时，学生与学习资源、教师之间的双向交流过程。信息网络英语教学中的反馈则是指在信息网络英语教学环境中，学生、教师、学习资源之间的单向信息传递。被单向传递的信息既可以是来自网络课件的个性化学习指导、学习内容和成绩评定，也可以是通过网络来自学习伙伴的意见或来自教师的鼓励和建议。

二、交互和反馈的分类

（一）交互的分类

1. 按交互的层面分类

教学交互模型由三个层面组成：学生与媒体的操作交互、学生与教学要素的信息交互、学生已有概念和新概念的概念交互。这三个层面的教学交互在学习过程中可能同时发生，学生的学习活动在这三个层面的教学交互的共同作用下完成。根据远程学习的教学交互模型，可以将学习过程中的三个不同层面的教学交互按照其抽象的程度从上到下形象地呈现出来，由此形成了教学交互的层次塔。

（1）操作交互

在以媒体为中介的学习活动中，学生首先要操作媒体，因此，网络教学中存在着一种学生与界面的交互。操作交互是指学生与媒体界面的交互，如问答式对话交互、菜单交互、功能键交互、按钮交互等。目前，多媒体网页是最常见的网络教学交互界面。学生可以通过文字、声音、图形、图像等形式与计算机交互，通过文字输入、移动鼠标、点击按钮等简单的界面操作自主选择学习内容、学习进度和学习过程。信息网络英语教学的操作交互要有良好的外语用户界面，并体现简易性、一致性、反馈性和容错性等特点。

（2）信息交互

学生是学习的主体及教学系统的中心，学生、助学者（或教师）和学习资源是远距学习的三个组成部分。所以，学生、教师、语言学习资源就应该是信息网络英语教学的三个组成要素。

信息交互体现在学生与某种教学要素之间，是通过各种符号进行有关学习的信息交换的过程。信息交互包括三种形式：学生与学生之间的交互、学生与教师之间的交互、学生与学习资源之间的交互。这三种形式的信息交互相互补充、相互影响、相互作用。最终的信息网络英语教学的结果会因学生、教师以及学习资源的不同而不同。

学生与学生之间的交互。学生之间的交互，可以发生在个别学生之间，也可以发生在学生群体之中；可以有教师的组织和参加，也可以没有教师的组织和参加。在信息网络英语教学中，学生之间的交互应该遵循以语言交互为主的原则，充分利用网络通信技术，如电子邮件、网络论坛和计算机会议系统等异步通信技术和聊天室，以及网络白板等同步通信技术，建立虚拟学习社团，开展针对课程学习目标的语言交际活动。

学生与教师之间的交互。在信息网络英语教学中，教师要激励和维持学生的学习动机和积极性，监控学生的学习进程，组织小组协作学习，还要为学生提供咨询、指导和帮助。学生和教师之间的交互可以是一对一的交互，也可以是多对一的交互，这主要是由教师采用的教学策略决定的。学生与教师之间的交互可以借助课程学习的网络平台或电子邮箱、QQ 等通信工具得以实现。

学生与学习资源之间的交互。在信息网络英语教学中，学习资源包括电子版课本和参考书、英语类音频和视频片段、交互多媒体英语课件、英语类网络课程和其他相关的网络资源等。学习资源为每个学生提供了丰富的学习内容、科学的学习计划以及详细的学习记录。学生可以通过与学习资源的交互，安排自己的学习内容，开展自主的学习活动，观测自己的学习进度，了解自己的学习效果。在信息网络英语教学中，学生与学习内容的交互因为涉及语言知识的顺应和同化，可以是简单的选择交互，也可以是较为复杂的文本交互或语音交互。而学生与学习进度、学习记录、学习评价这些非关键性学习资源的交互则为简单的选择交互。

（3）概念交互

概念交互的实质是学生的自我交互，是学生意义建构的过程。意义建构是指在学习中，学生不断进行同化和顺应，学生内部发生新旧知识经验的交互作用，进而发生的超越新知识又改造旧经验的重组。在网络英语学习中，学生通过网络交互学习概念和知识点，经过操作交互和信息交互后，在头脑中产生新知识的碎片，再通过建立认知图示，实现对外语知识的自我构建。外语网络教学中的概念交互是教学交互层次塔中的最高层次，也是最为关键的层次，学生只有完成概念交互，才能把新知识真正整合到自己已有的知识框架中，才能实现英语知识的迁移。

2. 按交互发生的范围分类

(1) 个别化交互

个别化交互指学生与学习资源之间的模拟交互。在网络教学中，个别化交互是指学生与网络课程或网络资源的交互，如学生选择学习内容、确定学习进度、查看学习成绩、搜索学习资料等。信息网络英语教学中的个别化交互要以学生为主体，给学生充分的时间和空间，使其自由进行个性化探索，实现知识的顺应和同化。

(2) 社会交互

社会交互包括学生与主讲教师或辅导教师、学生之间、学生与咨询顾问，以及学生与家人、朋友、同事等就任何有关远程学习问题的面对面交流，或者通过技术手段，如邮政系统、音频会议系统、音频图像会议系统、视频会议系统、计算机通信、计算机网络等，与上述人员之间模拟进行的面对面交流。

信息网络英语教学的社会化交互不只是为了帮助学生掌握英语知识，更重要的是要通过人与人之间的交互活动，建立学生的语言学习和交际关系圈，解决语言学习中遇到的问题，加强学生的可持续动机，发展学生的学习技能和语言交际能力，提高学生解决问题的能力，进而促进学生的全面发展。

在任何一种英语网络教学环境中，交互的种类并不是单一的，往往需依靠几种交互种类的合力的作用，如此才能实现正确的知识信息传递和反馈。信息网络英语教学中的个别化交互需要社会化交互的指导和补充，而社会化交互又需要个别化交互的内化和构建。

3. 按交互的对象分类

(1) 一对一的交互

其实质就是点对点的交互。一对一的交互主要用于学生的个别化学习中。在信息网络英语教学中，学生个体与学习资源的交互、学生与教师的交互、两个学生个体之间的交互都可以被视为一对一的交互。一对一的交互的优势在于尊重学生的个性，能够最大限度地发挥学生的自主学习能力。同时，学生可以得到有针对性的个别化反馈，如与其他学生进行语音对话，或者获得来自教师的、有关作业方面的意见或评价。

(2) 一对多的交互

其实质是点对面的交互。在信息网络英语教学中，一种情况是教师作为

“一”而学生作为“多”，通过一对多的交互，教师向全体或部分学生传授新知识，如讲解英语句式的语法、英语单词的语义，示范英语演讲的技巧，回答学生的问题，等等；另一种情况是学生个体作为“一”，而教师和其他学生作为“多”，通过网络，学生用英语语言或文字表达自己的意见、观点和言论，其他参与者则作为合作伙伴或竞争对手与之进行交互。

4. 按交互的时间分类

（1）同步交互

同步交互指交互双方在同一时间、不同地点通过网络进行会话活动。在信息网络英语教学活动中，同步交互既可以是教师或专家面向全体学生的讲授，又可以是实时的小组活动，或是学生自学网络课程的活动。在这些交互活动中，学生得到的反馈信息是快速及时的，几乎没有时间差。用于同步交互的网络工具包括基于局域网的课程聊天室、基于广域网的 QQ、MSN 等软件和网络视音频会议系统等。这些工具不仅支持实时的文字交互，而且支持实时的视音频交互。

此外，同步交互网络工具还有共享白板和应用软件。共享白板能让异地的学生在电子白板上书写和修改。电子表格、PowerPoint 演示文稿等应用软件也能够通过网络让学生实现异地共用。

同步交互是创造小组学习机会的有效工具，学生通过参加讨论组，展开头脑风暴，进行问题解决活动，相互学习。教师在网络英语教学中应用这些同步交互网络工具，可以构造实时的语言交流环境，营造自然和激励性的语言气氛，使学生由被动视听转为主动探究语言。

（2）异步交互

异步交互指受众在接收信息后的一段时间内再进行交互。在信息网络英语教学活动中，异步交互可以是教师就学生的问题进行解答，或对学生的作业给予评价；也可以是学生之间就某一主题进行协作学习。用于异步交互的网络工具主要有电子邮件、异步式计算机会议系统、博客等。异步交互的优点在于交互时间长，可以为交互双方提供充分的时间酝酿和准备反馈信息，可以为学生提供足够的时间和空间进行自主学习和协作学习，以达到最好的教学效果。

在信息网络英语教学中，关于语言听说方面的训练主要采用同步交互的交互手段，这是因为语言的听说具有易失性的特点，而且需要一定的语境和及时的反馈。如果没有同步的语言交流，那么学生关于听说方面的学习所得也就在某种程度上无法迁移到现实的语言交际中。关于读写译方面的训练主要采用异步交互的交互手段，这是因为语言的读写译本身对时间的要求就不是很苛刻，它们是以书面形式保存下来的文字信息，即使隔了很长时间再得到反馈，学生仍可以从目标交互者那里得到有用的信息。当然教师不应排斥两种交互方式在信息网络英语教学中的并存，只是需要根据不同的学习目标、学习内容，采用以其中某一种为主，而另一种为辅的综合交互。

（二）反馈的分类

1. 按反馈信息的性质分类

在信息网络英语教学中，反馈信息可以是带有感情色彩的表扬或批评语句，也可以是一般性陈述语句。

(1) 正向反馈

正向反馈是指那些肯定学生表现和成绩的信息，如“很好”“正确”“你做得很不错”“第一名”等。正向反馈是对学生的表扬。在信息网络英语教学中，正向反馈能够使学生获得被认同感，并有效地维持学生的学习动机和学习兴趣，从而可以弥补一部分非面对面交互的情感缺失，以保证整个学习交互过程有序地进行。

(2) 负向反馈

负向反馈是指那些否定学生表现和成绩的信息，如“不太好”“错误”“你做得不太对”“你的成绩不太好，需要继续努力”等。负向反馈是对学生的批评，其目的是帮助学生认识自己的不足和缺点。但在信息网络英语教学中，为了减少非面对面交互造成的情感缺失，批评的语气和方式不应过于强烈，而应尽量委婉和含蓄。

(3) 中性反馈

中性反馈是指那些不带感情色彩，用于调整学生的学习进度和学习方向的信息，大多是对学生的学习建议和学习帮助，如“你可以在课外资源栏目里找到你需要的文章”“你可以做完这个测试之后再开始第二章的学习”等。在网络英语教学中，中性反馈是对学生整个学习过程的指引，目的是使学生在网络学习中不会迷航，并得到及时的帮助信息。

2. 按反馈的时间分类

在信息网络英语教学中，反馈的时机非常重要，只有在恰当的时间给予学生恰当的反馈，才能有效促进学生的网络学习。

(1) 教学过程控制反馈

教学过程控制反馈是指学生在其学习过程中获得的信息，如“你可以进入下一章节的学习了”“你需要重新学习这一章的内容”“你需要先搜集一些相关的资源”等。网络英语教学中的教学过程控制反馈可以帮助学生定位网络学习过程的信息，也可以在学生遇到学习困难时及时给予学生学习建议。

（2）教学评价反馈

教学评价反馈是学生在完成某一学习活动后获得的结果信息，是学生学习过程的客观反映，如“你本次的听力测试成绩为80分”“你的文章写得不错”“你的口语还不是很标准，建议多听英文广播”等。信息网络英语教学中的教学评价反馈旨在为学生或教师提供学生的现有知识和能力信息，以便学生或教师设计和制订下一步的学习计划。

3. 按反馈的来源分类

在信息网络英语教学中，反馈的来源是多元化的，它既可以是来自计算机的程序化反馈，又可以是来自教师或学习伙伴的针对性反馈，还可以是学生的自我反馈。

（1）计算机反馈

计算机反馈是指由网络英语学习课件或网络英语学习平台传递给学生的智能化的信息。计算机反馈能够对学生的学习进度、学习路径、学习方法和学习结果给予既定的评价和建议。信息网络英语教学中的计算机反馈，通常是由教师在信息网络英语教学实施前根据以往教学经验预先设置好的标准分类，它对于解决学生在网络英语学习中遇到的共性问题有一定的帮助，但对于个性化的问题，计算机反馈的准确性和适时性还有待于增强。

（2）教师反馈

教师反馈是指在信息网络英语教学过程中，教师传递给学生的个性化信息。相对于计算机反馈，教师反馈更加注重为学生提供有针对性的学习指导。教师可以通过网络交互工具或网络学习平台与学生交流诸如发音不标准、语法不规范、翻译不准确等具体学习问题。在信息网络英语教学中，教师除了可以与学生交流学习问题以外，也可以与学生进行情感交流，鼓励和引导学生进行学习，这在很大程度上能够弥补计算机反馈的情感缺失。

（3）学习伙伴反馈

学习伙伴反馈是指在网络英语学习中，学习伙伴传递给学生的信息。学习伙伴可以是网络学习平台内部的学生，也可以是网络学习平台外部的学习帮助者。在网络英语学习平台内部，学生可以与学习伙伴开展基于任务的网络交际活动。在网络英语学习平台外部，学习伙伴能为学生提供丰富的英语资源和广阔的知识视野。

三、信息网络英语教学中交互和反馈的特性和作用

（一）信息网络英语教学中交互和反馈的一般特性

1. 延迟性

延迟的产生是网络传输的必然结果。传统课堂交互主要采用言语信息进行交流，而网络反馈中文本信息占有较大的比重。文本的产生和接收速度均低于言语，即使是进行同步交互，信息接收的速度也会随着通道传输效率和用户操作效率而降低，这将不可避免地影响到学生对信息的加工、理解和反应。更重要的是，如果实际的信息感知、加工速度与正常的工作速度不一致，交互的效率会急剧下降。但是，从另一个角度看，延迟性也是有利的，因为它是异步交互的基础。在解决一些结构不良的复杂问题时，人们需要用充足的时间来收集信息和深入思考，这时让交互和反馈在一定时间后完成是比较合理的。这在课堂交互中并不容易做到。可见，交互和反馈的延迟性有着双面效应，关键是如何扬长避短，准确把握。

2. 动态性

传统的教学交互多是由教师事先设计好，并在规定时间内进行的。而在信息网络教学中，学生可以十分方便地对交互的速度、交互的时间、交互的地点和交互的方式做个性化的设定，动态性地支持自主性学习过程。但是学生的交互行为和反馈内容往往是不可预测的，这对交互和反馈的设计和教学指导提出了更高的要求。

3. 多样性

由动态性带来的多样性主要体现在以下几个方面。

（1）信息形式的多样性

与课堂交互和反馈以言语信息为主不同，网络交互和反馈可以采用多种多样的网络视听材料。

（2）内容的多样性

网络交互和反馈的主题不仅针对教学内容，还涉及所有与主题相关的辅助信息手段。因特网功能各异的信息服务和认知工具都可以作为教学传播的途径和手段。

（3）对象的多样性

网络交互和反馈的对象不仅包含了课堂交互和反馈的对象，而且可以突破客观现实的限制，在学校和地区以外，甚至可以跨越国界，在更广阔的范围内寻找

交互和反馈对象。

（二）信息网络英语教学中交互和反馈的作用

1. 创设网络语言交互和反馈的情境

应用语言学家认为自然的语言环境更利于语言学习，因为在自然的语境中，学生容易将语言同情境联系起来，他们更注重语言表达的内容，而不是形式，这种有意义的交流，对语言使用能力的提高大有裨益。所以，情境是语言交际的基础，只有在特定的情境中才会发生特定的语言交流。例如，在好友相遇的情境中才会产生互相问好的语言交际，在迷路的情境中才会产生向人问路的语言交际，等等。所以，优质的信息网络英语教学要为学生提供类似于真实环境的语言互动情境。教师可以采用图片、音频、视频等多媒体素材创设虚拟的网络语言交互情境，激发和诱导学生的学习动机和学习兴趣，使他们能够更好地内化网络平台所传播的外语知识，并能在相应的真实生活情境中迁移和使用这些知识。

2. 增加学生语言输入和输出的机会

交互假设强调意义协商对语言习得的促进作用。如果说话者有条件接受和参与交互调整，那么就会增加第二语言习得的机会。该假设还强调双向交际将更能促进交互调整与意义协商，从而提高语言输入的可理解性。在信息网络英语教学中，教师为学生提供尽量多的语言输入和输出机会，也就是为学生提供尽量多的意义协商的机会。这种意义协商机会能够使学生不断地增强自己语言输出的完整性和规范性，形成自己的语言学习习惯和方法。

3. 建立多通道的网络语言交互和反馈形式

大多数的信息网络英语教学只注重语言知识的灌输，学生与学习内容之间的交互也只不过是简单的鼠标、键盘交互。这里所说的多通道的网络语言交互是指学生通过不同的感觉器官与学习内容之间进行的交互和反馈。信息网络英语教学是以语言学习为最终目标的，需要学生进行大量的听、说、读、写活动。所以，网络英语教学应该为学生提供和开发多种语言交互和反馈形式，充分发挥学生眼、口、耳、手的交互功能，以达到最佳的学习效果。

4. 培养和提高学生的跨文化交际能力

学习语言不仅是学生掌握语言的过程，也是接触和认识另一种社会文化的过程。信息网络英语教学，特别是使用互联网的网络英语教学，使学生有机会与以目标语言为母语的人直接交互，有机会更直接、更真实地接触目标语言国家的社会文化。这无疑对学生的英语学习有很大的帮助。但是因为不同文化之间存在着差异和冲突。因此，在信息网络英语教学中，教师要注意增强学生对中外文化差异的敏感性和兼容性，使他们逐步具备文化比较能力，以提高其文化素质并使其得体地进行网络语言交互。

5. 强调网络协作学习的语言交互和反馈

学生的认知建构需要真实的语言交际对象和更多的意义协商机会。以互联网为核心的电子信息通信技术因其强大的双向交互功能，非常有利于推动协作学习的开展，因此能够满足学生认知建构的需要。协作学习既可以在学习中心组织的集体面授或小组讨论中进行，又可以在计算机网络时空中，通过组织虚拟学习社区或社团，利用各种网络教学系统、平台和工具得以实现。

四、信息网络英语教学中交互和反馈的意义

（一）交互和反馈是网络自主学习的核心体现

网络自主学习，是指学生自行利用网络媒体，主动运用和调控自己的元认知、动机和行为进行网络课程的学习。学生只有通过与计算机之间的交互，才能实现对学习内容、学习进度、学习时间的自主选择和自我调控。中国教育技术协会出台的《语言学习网络平台规范》明确规定了语言类学科网络平台的系统中要包括自主学习系统，即学生对文本、音频、多媒体语言资料的自主学习。

（二）交互和反馈是网络协作学习的实现形式

网络协作学习，是指学生利用网络，以小组形式共同完成一个学习目标的学习过程。简单地说，网络协作学习就是学生之间通过网络进行交互的结果。在信息网络英语教学中，教师与学生之间进行交互，一方面是为了实现语言的交际功能，另一方面也是为了培养学生的集体精神和团队协作精神。

五、信息网络英语教学中交互和反馈的应用

信息网络英语教学中可以应用的交互工具包括网络课程、电子邮件、聊天室、视音频会议以及一些即时聊天工具，如 MSN、QQ 等。在信息网络英语教学中，交互工具的使用必须遵循一定的原则才能发挥它的教学功能。

（一）信息网络英语教学交互和反馈的应用要求

1. 友好的交互界面

网络课程的交互界面是网络课程的表现形式。友好的交互界面可以将网络课程的内容以超文本方式呈现出来，为学生提供良好的导航系统，赋予学生串联知识和网络浏览的自主权。信息网络英语教学中的交互界面应以目标语言作为界面语言，以缓和协调的色彩作为主色调，为学生提供站内搜索引擎、电子词典等功

能，以方便学生非线性地找到适合自己的学习内容。

2. 适时有效地反馈

反馈是信息网络英语教学中的重要环节，是联系交互双方的纽带。在信息网络英语教学中，教师要十分注意反馈的时机，并非越及时的反馈就越有效，要根据不同的学习目标和学习方法，选择使用不同反应时间的反馈。

在信息网络英语教学交互中，特别是在一对多的交互中，存在着许多交互的观望者。这些观望者由于学习风格的原因，或者由于学习动机不强、知识基础不扎实等原因，往往只是观察其他学生的交互，很少积极主动地参与交互。这种情况就要求教师和其他学生给予这些观望者耐心的鼓励反馈，让他们有信心和动力参与到网络课程的交互活动中，敢于用英语表达自己的观点和意见。

在信息网络英语教学中，虽然教师与学生的地位趋于平等，但仍不能忽视教师在其中的主导作用。对于个体学生，教师要为其提供诸如学习策略、学习成绩、学习进程等方面的反馈，在学生自主探究的基础上，引导学生进行认知构建。对于小组学习，教师要组织和监控整个协作交互的过程，根据学生的反馈及时调整和修改小组活动的细节。

3. 教师和学生在交互中的地位应趋于平等

将师生面对面的交流和网络交流进行对比，可以发现在这两种交流方式中，虽然双方都意识到了地位的不同，但在网络中学生表现的主动性更强，而教师在网络中所做的评价性语句更少。在网络教学环境中，每个人直接面对的是交流的信息，地位、身份、职务、年龄与学识的差别在心理上被淡化，网络交互的隐蔽性、对话的间接性使师生对话的地位趋于平等。在网络教学中，网络课件在很大程度上接替了教学工作，教师更多地扮演了系统的管理者和维护者的角色。在信息社会里，教师也不可能再像过去那样被看作某种知识的唯一拥有者，随着知识的非垄断性和学生自主学习能力的增强，教师的教育重心必然发生转移：从教什么到怎么教。教师和学生在教学中的地位必然要趋于平等化。

4. 促进情感交互

信息网络英语教学中因为缺少面对面交流中的眼神、表情、姿势、语气等非语言因素的传达，因此很难及时得到学生的情感反馈及情感融入。教师可以从两方面来解决这个问题：一方面，教师应该转变教学观念，与学生交朋友，鼓励学生积极参与，使学生打消面对面交流模式中的种种顾虑，能够轻松坦然地、不戴任何面具地与教师沟通；另一方面，可以在网络交互手段中添加情感图示，如在聊天室、论坛上添加表示心情的图标。

5. 注意记录和评价各项交互活动

电子档案袋是一种记录学生学习过程的，以作业、成绩、作品等形式保存的学习进程文件。这种方式对于综合评价学生的能力和成绩具有更为直观和客观的意义。在信息网络英语教学中，网络教学平台应通过记录学生的各项交互活动，呈现出学生对于网络学习这种新型学习方式的积极性、学习成就感和学习效果等信息，为教师和其他学生提供评价他人的事实依据，也为学生的自我评价提供客观参照。

（二）信息网络英语教学中交互和反馈的技术支持

信息网络英语教学需要大量真实有效的交互。在网络环境下实现这些交互功能需要许多相关的计算机网络技术的支持，如网页制作技术、流媒体技术、语音技术、虚拟现实技术等。

1. 网页制作技术

英语教学网络课程的常见形式是多媒体网页形式。网页制作技术包括静态网页技术和动态网页技术。无数据库支持、无交互、内容固定而又有独立页面和网址的页面，属于静态网页，文件名通常以 htm、html 等为后缀。但静态网页上也可以出现视觉动态效果，如 Flash 动画、JS 网页特效等。这些网页只能用于浏览，只适用于呈现某些无须经常变化的教学内容。静态网页的制作可以通过较为简单的网页编辑软件来实现，如 Dreamweaver 等。这种网页技术实现的交互功能比较单一，一般为利用超文本或超媒体实现教学内容之间的跳转，也就是学生与网络课程界面之间的简单交互。建立在浏览器/服务器架构上的服务器端脚本程序，需要经过服务器端的数据库处理后才能反馈浏览器端的请求，实现交互功能。这样的网页，被称为动态网页。动态网页可以随时增加、删除、修改网页内容，可以实现静态网页所实现不了的功能，如音乐播放、在线报名、搜索等。动态网页能够实现的交互活动形式多样、功能强大、效果明显，能够很好地满足以教学目标为导向的人机交互和人人交互的要求。

2. 流媒体技术

在信息网络英语教学中，为了提高学生的学习兴趣，激发他们的学习动机，拓展他们的知识面，教师往往会向学生提供相关的视音频教学资源，如课文朗读原音、原版电影片段和外语类新闻广播节目等，还会通过网络组织学生进行关于某一主题的讨论或小组活动。这些视音频的网络传播就涉及流媒体技术。流媒体技术就是把连续的影像和声音信息经过压缩处理后再放上网站服务器，让用户一边下载一边观看、收听，而不需要等整个压缩文件下载到自己的机器后才可以观看的网络传输技术。流媒体技术使在窄宽带上实现视频、音频以及交互式多媒体、现场直播等成为可能。常用的流媒体技术有微软公司的 Windows Media（视窗媒体）、苹果公司的 Quick Time（问答时间）等。这些流媒体技术可以实现信息网络英语教学中的视音频点播、实时广播和音视频实时聊天，帮助学生实现与学习内容的交互和与其他学生的交互。

3．语音技术

利用语音技术可在学生和计算机之间建立语音交互，以满足学生英语学习的输入与输出的需要。语音技术在计算机领域中的关键技术是语音识别技术和语音合成技术。语音识别技术是指将人说话的语音信号转换为可被计算机程序所识别的文字信息，从而使计算机可以识别说话人的语音指令以及文字内容的技术。而语音合成技术是指将文本信息转变为语音数据，并将之以语音的方式播放出来的技术。语音技术在信息网络英语教学中的应用尤其重要，因为这项技术能够实现人机语言交互，能够在最大限度上训练学生的听说能力，提高学生的语言表达水平。

4．虚拟现实技术

虚拟现实技术利用三维图形生成技术、多传感交互技术以及高分辨显示技术，生成三维逼真的虚拟环境。使用者戴上特殊的头盔、数据手套等传感设备，或利用键盘、鼠标等输入设备，便可以进入虚拟空间，成为虚拟环境的一员，进行实时交互，感知和操作虚拟世界中的各种对象，从而获得身临其境的感受。在信息网络英语教学中应用虚拟现实技术，创建目标语言的学习环境，必将对学生产生强大的吸引力，更容易提高他们学习、训练、探索的积极性，取得更好的教学效果。

第四节　高校英语课堂互动建议

一、改变教师的教育教学理念

要想在课堂教学中加强师生互动，就要充分尊重学生的主体性，积极引导学生参与到课堂活动中来，因此首先要改变的是教师的教学理念，使其真正践行“以学生为中心”的人本主义教学理念。学生的主体性主要表现为学生与教师交流的积极能动性和独立思考性。对学生主体的充分尊重有利于学生对外界信息的接收、分析和加工处理。而且学习的过程并不仅仅是学生掌握知识的过程，还是一个“学会学习”的过程，是一个学会从现实世界中学习并运用知识和经验的过程。教师在课堂教学中，不应该仅注重知识学习情况，还要从学生和社会的实际需求出发来拓宽课堂师生互动交流的渠道。面对学生的个性和智能差异，教师要学会区别对待，因材施教，合理设计课堂活动方案，给予学生均衡发展的机会。

二、转换角色，建立平等、互相尊重的和谐师生合作关系

在高校英语课堂中的师生交流，不仅是教师传授知识，帮助学生解决语言问题从而提高其语言能力的过程，还应该是一个师生在平等地位上进行情感沟通的过程。以教师为主导的教学模式，虽然可以让学生在短时间内建立起系统化、基础性强的知识体系，但其弊端也是显而易见的：教师容易重“记、背、考”，课堂活动容易“走过场”。这些都不利于学生创造性思维的发展和实践能力的提高，师生间也很难产生情感的共鸣。因此教师应该重新定位自己的角色，做学生的引导者、交流者和课堂活动的组织者。教师应引导学生寻找和学习相关的资料并进行分析，加强学生和学生间的交流活动；在课堂上鼓励学生提出疑问，鼓励学生就自己感兴趣的内容和话题与教师和同学进行交流，对某些课题进行深入研究。师生间的合作是一个双赢的交流过程，师生间通过共同探索以及分享新知识，在互动过程中彼此理解及认同，一方面，可以促进学生创造性思维的发展，另一方面，教师在指导学生时也能得到启示，更新自己的知识，从而提升自身素质。

三、给予学生参与课堂的权利

在课堂师生互动中，教师应该提倡全体学生的主动、积极参与，只有这样，才能培养学生探究性学习的能力。教师要尽量做到分层互动，在设置课堂提问时，要了解学生兴趣所在，设计能引发学生共鸣的问题，同时要考虑到学生英语水平的差异化，把握问题的难度梯度，层层递进，让不同层次的学生都有机会并敢于发言，参与互动。教师也应尽可能采用开放式提问，让学生根据信息的输入情况和自己的所思所想，畅所欲言，鼓励学生“跳出箱子”，说出预想之外的答案，创造性地回答问题，只要学生的陈述是合理的，就对其给予高度评价，从而使学生的主动性得到更好的发挥。另外，教师要根据学生现有的能力水平以及学生的个体差异，设计并开展合适的课堂活动，实现全体学生的有效参与；同时，还要强调对学生团队合作意识的培养，重视人际关系的和谐。在教学中，教师应为学生提供更多的语言实践的机会，让学生在交流和讨论中，学会表达自己的想法以及尊重他人的观点，取长补短。

四、完善课堂教学评价机制

教师应该以发展的眼光担任学生学习情况的评价者，根据学生的不同状况，选择合适的评价指标，给不同的指标赋予不同的权重，引导学生发现学习过程中存在的问题，从而使其进行更深层次的学习并从真正意义上提高其学习主动性。教师评价应该从以下三个方面入手。

（一）评价内容应该多元化

对学生的评价不仅要从学生对知识掌握的准确度出发，还应考虑学生的综合能力提高与否。对学生团队合作能力的评价、创新能力的评价以及知识应用能力的评价等都应在教师对学生的评价中占一定比重。

（二）评价应尽可能正面、积极

教师应该以积极评价为主、消极评价为辅的方式与学生开展互动交流，发现学生答案中的闪光点，运用合适的方式指出学生答案中的错误。比如，教师可以避开对学生错误的直接点评，在接下来的交流中，运用正确的表达方式，并通过问题设置，给予学生再次表达的机会，用亲身示范来引导学生自己发现并更正语言中的错误，避免学生在使用英语过程中产生焦虑感。

（三）评价时应增加个人情感的投入

教师除了要在教学理念上给予学生情感和精神世界充分的尊重外，在课堂互动中，也要跟学生进行平等的情感交流，多给予学生一些积极的情感反馈。积极评价和肯定用语是激发学生参与课堂交流的最好助推器，对学生情感的关注会让学生在心理上向教师靠近，更愿意与教师进行互动交流。

互动和双向交流对于英语课堂的积极意义已是共识，而作为互动形式的设计者和实施者，教师只有走出流于形式、为了互动而互动的“窠臼”，设计出真正有意义的互动内容，结合“分层互动”等旨在让全体学生共同参与的互动形式，同时充分重视纠错、评价等细节，英语互动课堂的积极性和有效性才能真正体现出来。

第五章

混合式教学模式在高校英语教学中的创新应用

第一节　混合式教学模式应用于高校英语听力教学

一、混合式教学模式应用于高校英语听力教学的条件

随着互联网技术的飞速发展，各行各业都开始向着与互联网融合的方向发展，教育自然也不例外。目前，教育界的很多学者都致力于学科教学与互联网技术融合的研究。就当前的高校英语听力教学来看，很多问题日益凸显，不过在互联网技术的辅助下，一种全新的教学模式——混合式教学模式英语与英语听力教学应运而生，这种教学模式集 E-Learning 与传统学习方法于一身，有效地弥补了传统教学模式的不足。混合式教学模式强调英语听力教学除了要发挥教师的主导作用之外，还要重视学生的主体地位，因此，它对教师和学生都提出了比较高的要求。

就教学内容而言，在互联网时代，教师在准备课程时需要更多地借助互联网的资源，因此，教师必须具备的能力之一就是善于从海量的互联网资源中提取出有效的资源，并将其整合为能适应不同学生需求的资料。以互联网为载体进行文献检索及教学材料的组织，运用现代教育技术辅助教学，已成为高校教师的必备技能。同时，教师还需要在课上自如地操作信息化教学设备组织课堂教学，通过网络教学交流工具和学习社区工具与学生互动、答疑，组织学生自评、互评。具体到英语听力课程中，则更是要求教师不仅能够熟练操控听力教室的仪器设备，还要掌握在固定终端乃至移动终端上录制、编辑、上传视听材料等技术。对于学生而言，仅仅具有对多媒体设备及信息系统的操作能力已经无法满足混合式学习对学生的要求。这种先学后教的模式，使学生必须具备一定的自学能力和自控能力。在最初学习新知识时，由于没有了传统课堂中教师的全程监督，学生需要自主排除网络上其他可能对所学知识产生干扰和诱惑的材料，合理利用网络资源，提取有效信息。而教师与学生“角色”的转换，则需要学生在自主学习的同时具备独立、深入思考的能力，以及对浅层知识的推导能力。在小组协作中，学生要学会与同学交流，分享各自的学习成果，共同完成检验、评价学习效果的任务。特别是在英语听力课程中，听力理解能力的提高是一个循序渐进、螺旋上升的过程，需要大量的积累才能形成质变，因此，学生在课下自学过程中的主动思考、课中的交流借鉴，以及课后的及时总结尤为重要。

在应用混合式教学模式的英语听力教学中，各种教育技术工具必不可少。多媒体计算机系统和智能移动终端设备结合多媒体网络教学平台、学习社区工具与在线测试系统等软件，可以完成学生的课前自学和课后复习、自测与讨论等任务。而为实现课上的师生交互与同学协作，各种语言学习系统或电子教室等集教学演示、课堂应答、教学交流功能于一身的课上教学应用软件则成为不可或缺的技术支持。

二、混合式教学模式在高校英语听力教学中的应用

（一）混合式教学模式在高校英语教学中的应用形式

1. “课上”与“课下”的融合

传统意义上的课上时间用来学习新知识，课下则只能负责预习和复习的任务。而混合式学习则打破了课上、课下及预习、学习、复习的界限，实行课下自学听力内容、完成相关练习题，课上听力策略讲解与复习的课堂策略；联结碎片化学习与系统性学习，记录听力学习过程和结果，激发学生对听力学习的兴趣，促进学生间的交流协作。而借助于智能移动终端的学习方法又可以将听力学习内容变为“口袋丛书”，学生可以选择在乘地铁、等公交、食堂排队的任何间隙时间完成教师设计的听力材料，满足了学生随时随地进行学习的要求，也体现了混合式学习中的“在适当的时间”进行学习的特点。

2. 固定教学设备与移动教学设备的配合

除了听力教室普遍使用的主控台、耳机、音箱、学生台式电脑（或显示器）等固定设备，在混合式听力学习中，智能手机、笔记本电脑、iPad 和便携式音视频播放器等移动设备均可以作为教学设备使用。只要将用于学习的音视频材料、Word 文档、PPT 切割成适当大小，通过数据线或应用软件（微信、QQ）的上传、下载功能就可以将所有听力材料装进移动设备，供学生进行学习。同时，连接互联网的移动设备还可以依靠应用软件的交互功能，实现教师与学生、学生之间的实时交互。这种在互联网环境中多种教学设备的混合搭配使用则体现了混合式学习中运用“适当的学习技术”进行学习的特点。

3. 传统教学模式与 E-Learning 的整合

面对现代信息科技的发展以及传统教学模式的弊端，E-Learning 应运而生。而在其兴起后的二十多年的时间里，人们发现了这种新型学习模式也有着自身无法逾越的弊端，并且逐步认识到 E-Learning 并不能完全代替传统的课堂，因此，应该将二者有机地结合起来。具体应用于英语听力教学中，则应该利用 E-Learning 的自主、灵活和信息容量大等特征来完成课前知识点的学习和课后练习与测评，利用传统课堂集中、交互和高效的特点来完成知识点、听力策略的讲解以及具体答疑，使两种教学模式互为补充，相得益彰。这种学习方法既符合教育教学规律又能够迎合学生乐于使用网络、崇尚个性化学习的特点，该方法成为听力教学中的一种“适当的学习风格”。

4. 不同难易程度的学习内容的混合

英语听力课堂的教学效果通常与学生的听力水平密切相关。如果学生的听力水平参差不齐，则很难达到高效、实用的听力课程教学效果。在混合式学习中，以多媒体网络教学平台和智能移动终端为载体的课上与课下相配合学习的过程，允许教师引入互联网中海量的听力练习，设计适合不同层次学生的学习内容，这样既能有效优化学习资源，又能提高学生的学习效果，实现传递给“适当的学生”“适当的听力技能”的“适合教育”的学习理念。

在英语听力课程中，混合式学习实现了各种学习方式、学习内容、学习策略、学习模式、学习媒体、学习资源、学习活动和学习环境的混合，满足了不同学生的学习风格和学习需求，使学习成本和学习效果达到最优。

（二）混合式教学模式在高校英语听力教学中的应用步骤

英语听力课程混合式教学模式的教学过程分为课前、课中和课后三个阶段。

1. 课前阶段：自主学习新知识

教师将准备好的课件通过互联网上传到学生的移动设备以及多媒体网络教学平台，这样就完成了下发新知识要点、听力内容和练习的任务。学生在接到任务后，可以选择在图书馆、宿舍、家里的台式电脑上登录网络教学平台进行新课程的学习。同时，由于所听内容篇幅短小，学生也可以选择通过智能手机等各种移动设备在任意空闲的时间完成学习，并将相应练习答案上传到网络教学平台或移动设备软件（微信、QQ）群组。整个自学过程均由学生自行掌握时间、地点和完成的速度等。

2. 课中阶段：反馈与策略归纳

课堂教学是教师面授的过程，按答疑、知识归纳精讲、进阶训练以及新课导入四个步骤进行。在答疑阶段，首先由学生根据课前自学内容提出疑问，教师的任务则是解答学生提出的问题并公布听力内容的正确答案。在知识归纳精讲阶段，教师主要根据前面所反映的学生对课前自学知识的消化、吸收程度，以推理演绎法提炼知识点及听力策略，并通过师生互动了解学生的掌握情况。在进阶训练阶段，学生通过小组讨论解答教师给出的与本课知识相关但难度略高的听力练习，进而从夯实基础知识的层面上升到提升听力技能的层面。最后则是新课导入阶段，学生在教师的引导下了解下一讲的听力主题，自主学习注意事项，记录教师布置的学习内容及回收练习的时间与方式。在这种“提问—作答—讨论—提炼归纳—再提问—再作答”的过程中，学生能够发现知识结构之间的逻辑联系，达到融会贯通的学习效果。

3. 课后阶段：自测及新一轮自主学习

在课后，及时了解学生对于所学知识的掌握程度以及监督学生自主学习的进展是混合式学习中教师的重要职责，教师设计各种知识点及阶段性测试内容并通过多媒体网络教学平台在线测试功能发布给学生，学生可根据自己的时间自行完成。在线测试的答案录入学生系统中，学生分数由系统自动生成并报送给教师和学生自己。测试题的答疑则通过移动设备群组中师生、同学实时在线讨论解决。同时，教师也会利用互联网的无限延展性，通过移动设备的群组提供给学生更多相关的听力学习资源，学生可根据自己的水平选择适合自己的练习内容进行知识的巩固和升华。另外，新的学习内容也会通过多媒体网络教学平台和移动设备发送到学生手中，以便开始新一轮的自主学习。

（三）混合式教学模式在高校英语听力教学中的应用策略

1. 课前拓宽教学来源，构建学习交互通道

课前阶段是教学与学习的准备阶段，这一部分不仅包括知识的准备，也包括学习情境的铺设以及学习心理的准备。做好课前准备工作对教学任务的顺利完成有着事半功倍的效果。

（1）拓展教学资料来源，立体化听力材料

英语学科由于其自身的学科特性，有较强的文化性，作为文化的重要组成部分，英语具有丰富的语言内涵，同时，英语语言又被刻上了深刻文化的烙印。随着课程改革的不断推进，大学教材收录了更多以英语为母语国家的政治、经济、文化、风俗等相关的内容，这就对高校英语教学提出了更高的要求和难度。因此，在听力教学开展之前，为了保证教学目标可以在有限的时间内顺利完成，教师应帮助学生克服由于背景文化知识缺失或者知识面过窄而造成的听力学习障碍，帮助学生在走进听力教学课堂之前就对所听主题丰富的背景知识有一定的了解。这样一来，学生不再是“空着脑袋”进课堂，而是带着课前激发的求知欲望和学习的兴趣进行听力材料的学习，传统听力教学费时低效的困难将迎刃而解。

教师可以通过质量较优的英语学习网络平台，为学生进行背景知识的介绍和求知欲的激发，导入相关基础词汇和语法内容，克服单纯的语言基础知识上的障

碍，增加学生信息库的容量；利用QQ语音等实时异地听力策略的指导，塑造学生对听力材料进行预测和联想的意识和能力。

听力材料不应局限于文本材料、音频资源，丰富多样的视频资源也可以为听力教学服务，达到多感官刺激学生的目的，使学习的趣味性得到显著提高。然而不论是文本、音频还是视频听力资源的选择，都应该遵循短小切题、概括性强的特点，避免学生产生较大的学习负担，要让学习在轻松愉快的氛围中进行。此外，要保证材料难度呈阶梯形分布，难易合理搭配，满足不同学习成绩的学生对学习的需求，方便学生根据自己的实际情况自定步调，进行自主学习，创设学习的自主性环境。

听力材料应尽量坚持实时性、新颖性、知识性以及趣味性的统一，但不可以为了追求新颖和趣味而丢弃教学的主题和目标内容，可以选取VOA、BBC的时事新闻、近期的影视片段、采访、广告、演讲、英语歌曲等不同形式的真实听力材料，不要局限于常规的测试听力训练材料。

（2）合理筛选听力教学材料，保证学生有效认知

网络平台为教师提供了丰富多彩的教学软件和教学课件，面对丰富的听力教学资源，教师应该根据已经确定好的教学目标、要完成的教学任务、班级学生的听力实况以及学校多媒体设备的情况精心筛选、设计和编制教学内容，把丰富的网络听力资源作为面对面听力教学的补充，切不可贪多、贪新。因为根据心理学的研究，学生的记忆是在有效理解材料的基础上进行的，如果教学材料超出了学生的认知负荷，不仅不会收到预期的教学效果，反而会增加学生的认知负担，使其产生心理恐惧与排斥。教师应注意电子听力材料的启发性，把学生的认知规律和注意特性考虑在内，切不可将多媒体的听力教学演变为新式的人机灌输的“填鸭式”教学。理想的教学模式应该是学生积极主动地自我获取、自我提高，最终达到自我实现，把学习视为一种愉悦的体验。

（3）延展社会网络，构建学习交互通道

随着互联网技术的不断成熟与普及，各种社会性交际软件走进了人们的生活，改变人们的生活方式和人与人之间的交互渠道。这些社交软件实实在在地反映着社会的存在和交互关系，人们的交流变得“透明化”，人们越来越信任这些社交软件。因而，在此基础上，信息和知识的互换变得愈发频繁，内容愈发丰富。将这些社交软件应用到教学中，可以增加师生、同学之间交互的机会，方便课下的异地交流，帮助学生从单一的自我学习圈中走出来，融入整个学习网络中。

教师可以建立一个英语听力学习平台，平台的管理者可以是教师，也可以选择比较精通计算机的同学作为协管员。在上课之前教师将下节课计划讲授的新内容划分为几个子模块，设置好学习任务，通过网络交流平台布置给每位同学或者事先划分好的学习小组（小组内各成员学科基本能力、认知风格、学习风格互补），每位同学可以通过学科资源库或者教师建议的网络平台所提供的“情境”“协作”“会话”条件去完成自我知识构建，实现个体化、自主化学习。如果遇到难点或完成不了的任务，可以在网络学习交流平台上或者学习共同体中与同组同学交流，利用教师事先设定好的学习情境完成个人学习任务和小组作品报告。

首先，教师是网络学习共同体中的组织者，应根据学习内容和学生的特点对学生搜集到的资源进行组织与设计，保证学习资源的有效性。其次，教师是这个平台的监督者和秩序管理员，如果遇到不和谐现象，教师应在群里对学生发起警告，帮助大家“重回正轨”；同时，教师应对各成员节点的健康状况做到心中有数，实时查看网络各节点的联系情况，并做好各节点间连接关系的梳理工作，以保证各成员节点都能积极融入网络学习共同体中的信息知识的流动中，真正发挥这个学习共同体的积极效力。在这个学生线下互动的过程中，教师要始终“监视”学生的活动，保证学生互动方向的正确性和高效性，做到松而不散、活而不乱。

2. 课中集结信息节点，完成协作学习

完成了课前的准备工作之后，教师对于课堂教学应该有了设计的蓝图，准备了丰富多元的听力资源；学生也不是“空着脑袋”走进课堂，学生已经完成了相关的认知图式的建立，上课对于学生来说是激发与扩充已有知识网络的动态过程。教师需要做的就是适时地利用多媒体手段呈现高吻合性和知识性的听力资源，在开放的、灵活多样的教学形式中帮助学生保持学习注意力，顺利完成学习任务。

（1）合理选择听力教学媒体，保证听力教学的教育性

教学是一个知、情、意、行统一的过程，因此，教学媒体的选择要考虑教学过程的教育性。固然多媒体课件、音频/视频听力材料以及网络平台可以给学生提供更加丰富的学习材料，但是，不可以忽略必要的师生互动、同学互动以及课堂教学氛围给教学带来的积极影响。语言的学习就是一种交际的过程，具有极强的实践性、人文性和文化性，师生之间的有效互动和同学之间的探讨交流可以为语言的学习提供具有真实性、灵活性以及创造性的交际环境，促进习得语言的输出和传递。此外，应时刻注意教师的言传身教对于学生的影响。

（2）营造轻松活跃的课堂气氛，交织灵活多样的教学方式

根据心理学研究，人的注意分为无意注意、有意注意以及有意后注意，所以，教学应该努力利用刺激物的强度、刺激物之间的显著对比关系和刺激物的新异性进行。运用注意的外部表现了解学生的听课状态，适时调整教学节奏，运用无意注意的规律组织教学，音量适中，语音、语调做到抑扬顿挫，遇到重点、难点还要加强语气，伴以适当的手势和表情，保持学生的注意力和学习兴趣。

混合式英语听力教学应该综合采用情境教学法、任务型教学法、交际教学法，将以教师为主导与以学生为中心统一起来，优化组合，力求教学效果最优化。教师应该努力创建一种轻松活跃的听力课堂，运用灵活多样的教学方式，如师生对话示范、同桌对话、分组讨论等教学形式的混合，使学生的注意力集中起来，这样，学生的学习兴趣和积极性也会得到明显的提高。

（3）培养良好的听力习惯，保持积极的学习心态和愉悦的学习体验

在听力过程中，学生的注意力应该放在信息的理解上，而不是只专注于自己听不懂的词汇和短语。然而，目前学生对于听力的认知出现了偏差，大部分学生会刻意要求自己听懂每一个单词、理解每一个句子，认为这样才会理解整个材料，才会完成教师的问题。所以，教师在听力教学过程中，应该不断培养学生的预测和联想能力，教会学生对听力材料进行自我信息加工，抓住关键词，对重要的时间、地点、任务进行记录，通过推测抓住文章的中心思想。

在听力教学过程中，学生的心理情感因素起着非常重要的作用。影响听力教学效果的心理因素很复杂，大概包括学习动机、学习风格、自我效能感以及性格特征等。积极的心理因素使学生在听力过程中处于积极向上的心理状态，降低了大脑皮层神经活动产生的抑制性反应，使学生保持较高的注意力和记忆力，帮助学生建立持之以恒的学习态度和坚韧的意志品质，提高听力效果。因此，教师在教学过程中应该根据课前对学生的了解，多采用有针对性的鼓励性语言鼓励班级学生积极参与课堂，帮助同学明确听力学习的动机，调动学生的积极性，树立其自信心，让学生敢于在课堂上表达自己，不畏惧犯错误，教会学生正确认识和面对错误。在大部分英语课堂上，学生纠结的更多的是自己的表达用词是否得当，语法是否准确，然而语言表达的目的在于听者是否可以听懂，所以，表达的唯一标准就是流畅，教师应引导学生正确认识错误，减少焦虑害怕的心理。

以多媒体技术为依托的英语教学课堂改变传统教学的单向活动性、知识传授性以及教师“一言堂”的弊端，实现了基于多媒体技术的多方向的互动教学。

3. 教师线下异步指导

教师课堂上几十分钟教学的结束并不是真正意味着学生学习的结束，学习随时随地发生，这就需要学生在课下利用教师设置的“云学习”环境自主进行知识的归纳与总结，同时，教师也要通过交流平台在课下对学生进行异步异地的指导，建立学生的多元评价模式。

(1) 帮助学生利用“云学习”环境，完成自我知识管理

根据学生能力、成绩、性别等因素而确立的听力学习共同体或者学习论坛，增加了学生学习的参与感和主人翁意识，学生根据自己的实际需要参与课程的学习，由之前的旁观者变为现在的主人翁，学习的使命感和荣誉感将会有所提高。学生通过教师精心筛选的听力网络链接资源补充学习课上的听力教材内容，既可以降低被网络其他内容吸引、分散注意力的可能性，又可以高效利用最优的资源，节约了筛选信息的时间和精力。在这种情况下，学习资料不再是简单的听力教科书和配套练习册，听力学习资源实现了立体化、形象化、多样化。这种模式满足了不同听力程度以及不同学习风格的同学的学习需要，拓宽了学生的视野，增强了其举一反三、融会贯通的能力。每位学生的听力材料如同个人定制一般，将个性化教学、因材施教落到实处，每位学生的特殊才能和个性品质都得到有效发掘，最大限度地保证学生的全面发展。

(2) 教师通过网络社区，获得听力学习反馈与非实时指导

教师授课的结束并不意味着整个教学过程的终止，学生课下的评价与反馈以及复听情况也是听力教学必不可少的组成部分。具体包括学生对听力教学资源库和教师布置的听力网络课程的学习和利用、听力输出作品的完成和上传、自主测试、新课预习以及基于听力特定项目的小组学习等环节。

知识的获得并不是学习的终极目标，知识的应用才是知识掌握与否的标准，也就是说“管道”比“管道中流通的知识”更加有意义，所学知识要转变为学生解决新问题的辅助手段和工具。所以，学生的课下自主学习都采用问题导向式或者任务驱动式学习，把问题的求解作为学习的目标，在学习过程中提高学生对知识的实际应用能力。

教师借助网络进行多媒体课件的制作、网上非实时指导、网上布置任务、网上组织学生自主学习和小组协作学习；学生借助教师创建的学习共同体或者学习社区完成教师布置的作业，通过QQ、微信等聊天工具获得教师的同步或者异步指导。遇到难点问题和同组同学讨论或者去资源库查找资料，让学生意识到学习行为是发生在小组间的，这能培养学生分享学习结果的意识以及团结协作的

意识。

（3）采用多元评价模式，实现学生全面发展

听力课堂教学方式和学习方式的转变必然带来教学评价方式的变化，新式的英语听力课堂要求教师必须采用多元评估方式对学生进行评价，混合式学习所关注的不仅是结果性评价，学习过程的评价也是教师和学生所关注的对象。应让教学评价贯穿于教学过程的始终。学生所展现出来的各种学习行为的变化都应该被教师记录在案，如学生在小组讨论中的积极程度、在教师提问中的踊跃度，以及用英语与教师、同学交流的频率等，这些与听力习题的正确率一起构成了一个全方位的学生评价，保证了学生的全面发展。同时，教师也要注意学生在听力学习中的及时反馈，在教学过程中及时修正教学进度和教学事件，把教学反思穿插在教学过程中。

通过课前、课中以及课后三大阶段的教学策略的设计，可以全方位地保证教学效率，使教学过程中教师的主导性作用和学生的主体性地位得到切实保障。课堂教学与课后扩展相互补充，既巩固了听力课堂教学的内容，又可以实现学生在课下自定步调的自主性学习；学生可以根据自己的实际情况选择听力练习内容，也可以通过教师帮助搭建的交流渠道进行合作学习。线上线下高频率的互动，把听力的教学与学习环境镶嵌到整个学科知识网络中，构建了一个个性化学习环境。

第二节　混合式教学模式应用于高校英语口语教学

一、高校英语口语教学内容与目标

（一）高校英语口语教学内容

我国高校的英语口语教学内容主要包括五个方面，即语音训练、词汇训练、语法训练、会话技巧和文化知识。

1. 语音训练

学生想要学习英语口语，首先就要学习和了解英语的语音，只有准确掌握了英语口语的语音和语调等，学生才能做到准确发音，这也是学生开口说英语的第一步。在实际的英语交流中，如果一个人的英语发音不准确或者语调不标准，就会使交流产生障碍。

2. 词汇训练

在英语教学中，英语的听力教学、口语教学、阅读教学和写作教学等都会涉及英语词汇。换句话说，英语词汇是英语学习的最小单元。学生只有掌握了足够的英语词汇才能输出英语句子，进而和他人进行正常的英语交流。因此，在英语口语教学中，必须重视英语词汇的输入，使学生在学习的过程中积累大量的英语词汇。

3. 语法训练

英语语法通常是指人们在研究英语这门语言之后系统地总结归纳出的一系列语言规则。所有的英语句子只有合乎相应的英语语法规则才有意义，才能够准确地传达信息。每个句子都是由若干个英语单词构成，而英语句子的重要基础则是语法。因此，学生想要提高自身的英语口语水平就必须在积累大量词汇的基础上掌握英语语法。

4. 会话技巧

大学开展英语口语教学的主要目的就是让学生运用英语交流和交际，因此，教师在口语教学中有必要使学生掌握一定的会话技巧。

(1) 表达观点

例如：It seems to me that...

(2) 获取信息

例如：Could you tell me...?

(3) 承接话题

例如：To talk to... I think...

(4) 转换话题

例如：Could we move on to the next item?

(5) 征求意见

例如：What is your opinion/view?

5. 文化知识

在实际的英语口语交流中，学生也需要掌握一定的文化知识，这是因为学生在交际过程中需要遵循一定的规则，即体现交际的得体性。因而，在英语口语教学中，学生不仅要熟练掌握相应的英语语言知识，还要学习和掌握相关的文化知识，这样才能使交际顺利开展。

(二) 高校英语口语教学目标

《大学英语课程教学要求》将高校英语口语教学目标划分为三个层次，具体如下。

1. 一般要求

第一，能在学习过程中用英语交流，并能就某一主题进行讨论。

第二，能就日常话题用英语进行交谈。

第三，经过一定的准备能够就所熟悉的话题进行简短发言，表达比较清楚，语音、语调基本正确。

第四，能在交谈中使用基本的会话策略。

2. 较高要求

第一，能用英语就一般性话题进行比较流利的会话。

第二，能基本表达个人意见、情感、观点等。

第三，能基本陈述事实、理由和描述事件，表达清楚，语音、语调基本正确。

3. 更高要求

第一，能较为流利、准确地就一般或专业性话题进行对话或讨论。

第二，能用简练的语言概括篇幅较长、有一定语音难度的文本或讲话。

第三，能在国际会议和专业交流中宣读论文并参加讨论。

二、混合式教学模式在高校英语口语教学的应用

（一）混合式教学模式在高校英语口语教学中的实施步骤

在实际的教学中，学生学习英语的内驱力更多是来自输出，而不是输入。也就是说，学生把语言的输出作为主要驱动力不仅可以提升其语言的应用能力，还能使学生对没有接触过的新的语言知识充满好奇心和学习的欲望。

在我国高校传统的英语课堂中开展听说教学时，教师在课堂上大部分的时间都是在讲课，而学生大部分的时间都是在听教师讲课，属于在接受教师的语言输入，学生并没有很多的语言输出机会。把混合式学习理论应用到高校英语口语教学中后，教师根据实际需求不断调整教学设计以及课堂的各个环节，从而使学生能够更加积极主动地参与到课堂互动中，以加强学生的语言输出。在建构主义的学习理论中，学习环境通常是由如下四个要素构成的，即“情境”“协作”“会话”“意义”。而在混合式学习中，人们会把这四种不同的要素重新进行调整。在实际教学中，教师可以通过观摩和分析一些比较优秀的混合式学习课例来分析和研究教学中涉及的各个要素，然后把自己的英语口语教学设计应用到高校英语口语教学实践中，从而建立可以提升学生英语语言输出的课堂。在具体的实践中，可以按照如下环节实施：第一，教师在教学中合理制定混合式学习的课程计划

表，计划表要清晰具体，也要突出教学的重难点；第二，在实际的课堂教学中，教师要对教学活动进行分类，从而准确定位活动的训练主题。

将混合式学习充分运用到高校英语口语教学中可以按照如下三个步骤实施。

1. 课前

在上课之前，教师可以根据学习的内容鼓励学生自主组队开展学习活动，每个小组都可以自主把控学习速度，可以自主选择小组学习的主要内容。对于网络平台上的教学部分，教师需要在课前提前将所学内容的基础知识以及考试重点知识整理后放到网上，并督促学生在网上自主预习。学生可以根据自身的实际情况来制定学习任务。在课前准备的过程中，教师也可以向学生提供适当的教学指导，并适当监督学生的课前学习活动，从而全面提升学生各方面的能力。在这个过程中，教师的主要角色就是学生学习的指导者。

2. 课中

在我国的传统英语课堂中，教师往往占据主导地位，学生几乎没有开口练习英语的机会。而在混合式学习的英语课堂中，教师要转变教学的思路和方式，教师可以运用提问等方式增加与学生之间的互动，鼓励学生开口讲英语。在教学中，教师还可以运用任务型合作学习的方式开展教学，使学生在各自的小组内用英语表达自己的看法并与其他同学用英语进行交流等。学生课前的准备也为学生课堂中的语言输出活动做好了准备。在此过程中，教师的主要角色就是学生学习的促进者，而学生的主要角色就是意义知识的建构者。

3. 课后

在我国传统的高校英语听说教学中，教师采用的主要评价方式就是听力笔试测试。在混合式教学中，教师对学生的听力以及口语水平的评价方式应该更加多元化，也应该看重对学生的过程性评价。因此，在课后，教师可以采取一些措施（如在网上布置相关作业、开设相关课程的讨论区等）来鼓励学生进行语言输出，提高学生的英语表达能力。在期末考试测试时，学生的成绩构成中应该包括口语成绩和听力成绩，同时也要提高学生日常表现在最终成绩中的比例。

（二）高校英语口语混合式教学生态模式建构

1. 有形课堂与无形课堂的混合式建构

在信息技术快速发展的时代，高校英语教学充分应用和发挥先进的网络技术和互联网平台优势，把线下高校英语课堂教学和线上的虚拟的英语网络教学结合起来，大幅度提高英语的教学水平，尤其是高校英语口语教学。将互联网应用到语言学习中，可以使语言学习的过程更加有趣，更加能够吸引学生的注意力。

在高校传统的英语课堂中，学生都在教室内上课，这样学生之间就可以进行面对面的英语交流和沟通，而在网络平台上开展英语教学也具有显著的优势，具体体现在两个方面：第一，网络平台能够为学生的英语学习提供海量的英语相关资料；第二，在网络平台中，师生之间以及同学之间有很多种不同的交流工具和方式，这样他们之间的交流就能够不受时间以及地域的限制，学生在网络中可以自主学习并自由地与教师或者同学交流看法。有形课堂与无形课堂的混合式建构就可以充分发挥传统课堂和网络平台的优势，提升教学的效果。在教学中，要想提高学生的英语口语水平，教师除了要在课堂中为学生讲明白口语相关的基础知识之外，还需要为学生提供大量的真实语言训练环境和机会。教师可以指导学生以小组为单位在真实生活中进行英语练习，并建立微信群、QQ 群等及时为学生的练习提供适当的帮助和指导，从而加强学生的英语口语训练。

2. 多样化教学方式的混合式建构

在信息技术时代，高校英语口语教师在教学中可以尝试多种不同的英语口语教学方式，如合作教学、探究教学等。英语教师采用多样化教学方式的混合式建构不仅能够大幅度提升学生的英语口语水平，还能够激发学生学习英语的兴趣和主动性，这是师生之间的一种良性的互动和发展。

在具体的实施过程中，教师可以从如下三个方面来提升高校英语的口语教学效果。

在英语口语课堂教学开始之前，教师就可以把自己制定的本节课的预习任务发布到相应的英语口语网络教学平台上，这样学生就可以自主下载本节课的预习任务。学生既可以单独完成教师布置的预习任务，也可以和其他同学合作以小组为单位来完成预习任务。这为教师的口语课堂教学做了充分的准备，能够使学生在英语口语课堂教学中有足够的时间练习英语口语。在学生的预习过程中，教师要通过各种渠道为学生提供及时的指导。

在具体的课堂教学中，学生可以根据自己从网络平台上下载的和本节课学习主题相关的视频或者音频资料进行英语口语学习和练习，学生在课堂上可以选择多样化的英语口语练习方式，如为经典的剧集配音、模仿名人的英语发音和风格等，从而训练和优化自己的发音技巧。学生在课堂上还可以以小组为单位分析和讨论一些具有争议性的话题，如热点新闻等，这样每个小组成员都能够运用英语各抒己见，练习英语口语表达。在这个过程中，教师要仔细观察每位学生的英语口语输出情况并及时提供针对性的指导意见和点评。

在英语口语课结束之后，教师应充分利用网络平台督促和监督学生的英语口语学习活动。教师可以在网络教学平台中为学生适当布置一定的英语口语学习任务，并通过微信群或者QQ群等方式与学生进行互动，解答学生在英语口语学习中遇到的困惑并时刻监督学生的口语学习。如此一来，在互联网技术的帮助下，教师就逐渐成为学生英语口语学习的引导者和督促者。

3. 多形态教学资源的混合式建构

在传统的英语口语教学中，教师通常在上课之前就会下载相关的教学资源，由于教师在下载的过程中可能会遇到下载权限的问题，因此，教师下载的资源并不是很齐全。在信息化背景下，师生之间不仅可以共享大量实用的网络教学资源，教师也能够亲自制作一些相关的微课视频，方便学生自学。学生在课下也可以把自己英语口语的对话练习、口语模仿短片等资源上传到网络教学平台上，供其他学生参考和学习。随着信息技术的飞快发展，英语教师在口语课堂中还可以实现远程直播等，为学生的英语口语练习提供真实的、生活中的语言环境。在课堂之余，英语教师还可以利用微信群等方式将相关的英语口语学习资源群发给学生，丰富学生的资料来源。

4. 多元化教学评价的混合式建构

在高校传统的英语口语教学评价过程中，通常都是由教师来评价学生的口语学习成果，因而在具体教学中，最为常见的对学生英语口语的评价方式就是终结性评价。新时代背景下，高校教学更加注重学生的个性化发展，因此，应该采用多元化的教学评价方式评价学生的口语水平。众所周知，学校开展教学评价的主要目的就是检验教学效果并及时检验学生的英语学习情况，从而根据教学中出现的问题及时调整教学安排。在信息化背景下，我国高校英语口语教学评价可以采用多种不同的方式，如线上和线下评价相结合、形成性和终结性评价相结合等，从而更加准确、全面地评价每个学生的英语口语学习情况。多元化的教学评价方式能够帮助教师更加全面、深入地了解每位学生的状况，方便教师因材施教。

除了教师的英语口语评价，教师还应该积极鼓励学生参与评价。学生既可以对自己的英语口语情况进行自评，审视自己，也可以以小组为单位请小组内其他同学评价自己的英语口语成果，实现小组互评。这样经过教师的评价、学生的自评以及同学之间的互评后，学生个体就能更加清晰准确地了解自己的英语口语情况，从而进行不断调整和改进。在先进的信息技术的支持下，多元化教学评价的混合式建构能够调动学生学习英语口语的积极性和主动性。

第三节　混合式教学模式应用于高校英语阅读教学

一、混合式教学模式应用于高校英语阅读教学的意义

混合式教学模式是一种基于翻转课堂的教学模式，这一教学模式把线上教学和线下教学有机结合。混合式教学模式主要指的是学生先借助一定的电子设备开展自主性的学习，然后教师在课堂上对一些重点知识进行讲解，并且针对学生有疑问的地方进行适当的分析和解答，从而使学生的主动性和积极性得以充分发挥。英语阅读教学借助于混合式教学模式，改变了传统意义上灌输式的教学方法，改变了课堂上的师生关系，显著提升了教学效果。

（一）有利于教师教学角色的转变

网络信息技术不断向前发展，一些新产生的教学模式打破了传统意义上的教学模式的限制，使得教师的角色发生了很大的变化。在混合式教学模式下，教师不是英语阅读教学的主体，学生才是英语阅读教学的主体，教师转变成英语阅读教学的引导者和监督者。在这样一种新颖的教学模式之下，传统意义上的灌输式的教学方法已不再适用，而是转变为学生在课前进行线上的自主性的学习，教师只是对其进行适当的监督和指导，到了课堂上，教师则主要针对学生的疑问进行分析和解答，使学生对知识有更为深入的了解。这个时候，学生成为教学的主体，他们不再被动地接受知识，而是积极、主动地探究知识，这样一种教学模式与教学改革的发展相适应，对于教师转变自身的角色和学生的有效学习都具有积极的作用。

（二）有利于教师教学水平的提升

在混合式教学模式之下，教师要把更多的时间和精力放在创建和设计教学平台上，这样才能使学生学习资源的丰富性得到有力的保障。教师必须积极创作出优质的网络微课，这样才能不断激发学生自主学习的积极性和自觉性，使学生把课外的线上学习和课上的指导性学习有机结合起来，最终实现教学效果的最大化。

（三）有利于提高学生自主学习的能力

英语阅读教学中，混合式教学模式的应用对于提高学生的自主性探究学习能力具有积极的作用。在混合式教学模式之下，教师和学生的角色已经发生了转变，教师不再是课堂教学的主体和中心，学生成为教学的主人，他们不再被动地

接受教师传授的知识，而是积极、主动地对知识进行学习和探究。在课外，学生可以借助教师精心设计的教学微课开展自主性学习，对比较难的知识进行深入的解读，还可以和其他同学进行自主性的讨论，解决学习中的难题。当然，学生也可以在课堂上就相关问题向教师请教。在混合式教学模式下，学生更希望在一种比较和谐的氛围中进行公平的竞争，积极、主动地对英语阅读教学进行探究。

（四）有利于教师和学生之间的良好互动得以增强

在英语阅读教学中应用混合式教学模式可以促进教师和学生之间形成良好的互动。传统意义上的英语阅读教学模式之下，教师在课堂上布置英语阅读的练习，然后对相关阅读的题目进行答案讲解，在课堂上，学生只是被动地接受教师讲授的知识，课堂氛围也是比较沉闷和枯燥的，这样的教学方式并不能促进学生有效地开展学习。在混合式教学模式下，学生可以在课下通过线上进行自主性的学习，教师在课堂上对学生的学习进行适当的引导，还可以对学生存在疑问的地方进行解答。这样的教学方式既可以提升课堂教学效率，还可以营造一种比较轻松、活跃的氛围，使学生可以在课堂上随心所欲地发表自己的意见和看法。

（五）有利于强化语感，提高学生英语口语和写作技能

在心理学上，我们通常把语感称为理智感，是涵盖在情感的范围之内的。人不只是有属性的感觉，还有比较特殊的关系感和情感，人们就是通过这些理智感来认识各种联系和关系的。如果人们还没有意识到联系和关系，那么，人们在直觉上所产生的认识只能算是感性的。可以把语感称为对于语言的感性反映。在进行交际的时候，语言可以说是一种非常复杂的体系，要想对语言的语感进行使用，也是比较复杂的，这一情况反映在三个范畴之中。一是对词所标志的客体的关系和联系的反映；二是对语言特征的关系和联系之间的反映；三是对两种不同的语言体系之间的关系和联系的反映。实际上，当人们掌握语言的时候，已经直接感受到了所有的语言关系和联系，但是，人们并没有意识到这一点，各种各样的语言之间的关系和联系形成了非常复杂的复合体——语感。这样的语感使得人们还没有意识到语言的特点的时候就已经掌握了相关的语言。为了使学生高频率接触除课本以外的英语材料，教师通常会引进各种英语报纸、杂志或书籍等，为学生提供拓展阅读，并在英语阅读教学的过程中，不断强化阅读输入。阅读的输入不仅有利于培养学生的语感，也在潜移默化中提高了他们的其他技能，如口语表达能力、写作能力等。另外，通过阅读英语短文，学生有机会接触到地道的英语表达方式，这不仅能够巩固原来的语言知识，还可以学习新的知识，促进学生口语和写作技能的提升。

（六）有利于接触到一些外来的新鲜文化，开阔学生的视野

语言承载了文化的相关信息，是文化的物质承担者。要想真正学好一门语言，就需要多了解语言当地的一些风土人情和风俗文化。英语阅读材料的题材是非常广泛的，涉及风俗习惯、日常生活等，有助于丰富学生的语言知识。学习英语的最高境界不是掌握其语法知识与技能，而是把握这门语言的文化精华。英语阅读教学既使学生的语言知识得以巩固，也能让学生了解国外的历史、文化等，最终使学生的语言素养能够得到一定程度的提升。

（七）有利于培养积极向上的生活态度

教师通过挑选具有时效性和积极向上精神情怀的英语阅读材料，帮助学生逐步树立起正确的世界观、人生观和价值观，从而使学生具有积极乐观的生活和学习态度。同时，具有趣味性、创新性和时代性的阅读材料还可以缓解学生沉重的学习压力，将压力转化为前进的动力。

二、混合式教学模式在高校英语阅读教学中的应用方法

（一）结合传统教学方式，融入新的教学理念

英语阅读可以分为两种：一种是精读，另一种是泛读。在教学过程中，教师可以根据教学情况、文章的重要程度来对教学模式进行调整，也可以借助互联网针对不同的文章查找不同的教学资源。在传统意义上的教学模式中采用混合式教学模式，也就是使用互联网技术替代教师使用板书所写的教学重点，比方说，可以使用PPT课件。在开展教学的过程中借助互联网技术对教学资源进行合理的应用，可以使学生的注意力更加集中。与此同时，还要和传统意义上的教学模式进行有效的结合，也就是教学的目标必须明确教学的内容必须完善，这样才能把学生非常自然地带到课堂学习之中。教师在使用以互联网技术为基础的英语阅读的混合式教学模式的时候，其首先要做的就是转变自身的教学理念，能够清楚地认识到教学资源不只是限于PPT课件，教师也不只是播放一下PPT课件就可以，其还需要发挥自身的能动性，对互联网中的各种教学资源进行合理的运用，使学生通过学习获得较好的学习认知，最终使自身的英语阅读能力得以提升。

（二）建立教学情境，激发学习兴趣

在开展英语阅读教学的过程中，混合式教学模式的使用可以对互联网中的教学资源进行较为充分的运用，从而使情境教学模式建立起来，使英语阅读的文章展现出一定的情境，让学生更加深入地体会其中的情感，进而更好地对阅读的相关问题进行解答。混合式教学模式既能给学生提供较为丰富的教学资源，还能使

学生充分发挥自身的主观能动性，使学生学习的兴趣得到激发。

（三）阅读和写作相结合，培养学生的学习方法

随着学生英语方面的阅读量不断增加，其积累的英语写作素材越来越多。所以，在课堂教学中，教师可以对混合式教学模式的在线训练进行合理的运用，借助互联网技术开展教学，使学生的学习水平不断提高。混合式教学模式和互联网技术的有效结合，可以使学生的自主性得到充分的发挥，并在自主学习过程中养成较好的学习习惯。

（四）学校要建立健全相应的软硬件环境配置

要实施新的教学方法，就需要对其相对应的硬件和软件环境进行合理的配置。学校除了要把能够覆盖整个学校的网络建立起来，还要配置相对应的硬件和软件设施以及相应的激励机制，积极鼓励教师在课堂教学过程中采用混合式教学法。

（五）教师要转换角色，充分发挥学生的主体作用

在传统意义上的英语教学模式中，教师是主体，学生只是被动地接受教师讲授的知识和内容。这样的教学模式只是在一定程度上使学生的做题能力提高了，但和社会发展所要求的人才的标准并不一致，在这样的情况下，混合式教学法产生了，其把传统意义上的教学法和网络化的教学法各自的优点整合起来，使英语阅读课堂的内容丰富起来，开阔了学生的视野，既把教师的主导性发挥出来，还把学生的主体性发挥出来。

第四节　混合式教学模式应用于高校英语写作教学

把混合式学习和英语写作教学有效地结合，才能对现代信息技术进行较为充分的利用，把线上和线下教学模式的优点发挥出来，充分表现出学生的主体性，促进学生之间的互动和合作学习，降低写作焦虑，使英语写作教学效果得以提高。

一、高校英语写作教学的内容、目标与原则

（一）高校英语写作教学的内容

在英语写作中，内容、结构与风格这三个方面是至关重要的影响因素。一篇优秀的文章，应当同时具备多个方面的特点，如内容翔实、结构完整、语言流畅、风格鲜明等。所以，英语写作教学应将内容、结构与风格等方面视为重点，

具体而言，教学内容应当包括篇章结构、语言句式、词语选用、拼写规范以及标点符号等。

1. 结构

（1）谋篇布局

在写作之初，最重要的工作就是谋篇布局。无论是何种类型的写作，结构都是必须考虑的至关重要的因素。因此，对于学生来说，充分了解各种写作题材的谋篇布局是非常有必要的，只有如此，他们才能够依据写作目的选择恰当的写作扩展模式。需要注意的是，谋篇布局的模式并不是千篇一律、一成不变的，由于写作体裁和题材的不同，谋篇布局也会呈现出不同的特点，因此，在不同体裁和题材的文章中，常常能看到诸多方面的差异，如主题句、扩展句以及结论句都有着不同的作用。以议论文为例，其中的主题句通常是对读者所认同的某一种观点进行陈述；扩展句则是根据议论文的展开顺序对细节进行扩展并进一步阐述原因；结论句则是对全文的论点进行重述并进行最后总结。而在说明文当中，主题句的主要作用就是介绍写作的主题；扩展句则是根据一定的顺序展开细节对主题进行详细的说明；结论句则是对文章的细节进行概述，并重述文章的主题。

（2）完整统一

完整统一是一篇优秀的文章应当具备的重要特点之一。所谓完整统一，是指文章中所展开的各种细节都是为全文的主题而服务的，无论是描述的事实、阐述的原因，还是列举的实例，都必须同主题密切相关，不能背离主题。在写作过程中，一旦发现有偏离主题的语句，必须在保证文章完整性的基础上进行删除，使文章保持完整统一。在写作教学过程中，教师应当特别重视学生完整统一意识的培养与训练。设置专项练习就是一种非常不错的训练方法，教师可以设置一些同主题不相关的段落或语句，让学生在分析、修改和处理的过程中不断增强完整统一的意识。

（3）和谐连贯

一篇优秀的文章还应当具备和谐连贯的特点。具体来说，就是学生在写作时，应当关注文章中语句和段落的逻辑性与连贯性，从而使内容流畅、语句联系紧密或段落衔接自然。这样，整篇文章才能够自然流畅、一气呵成。要保持文章的和谐连贯，最有效的方法就是合理、恰当地选用连接词，连接词的运用可以使文章的语句或段落衔接自然、通顺流畅，并能够引导读者顺着作者的写作思路认识问题和思考问题。除此以外，过渡语的恰当运用也是保持文章和谐连贯的有效方式。但是需要注意的是，过渡语的使用需要以保持文章的简洁流畅、结构完整为前提，不能随意使用。

2. 句式

英语中的句式类型多种多样，写作中常用到的句式有省略、倒装、强调等。这些句式在使用时并非一成不变的，而是会存在各种各样的变形，这就导致句式的复杂多变。在写作教学的过程中，教师应当对各种句式及其变形进行详细的讲解，使学生了解不同句式的特点，并且采用“示范”和“讨论”的方式，训练学生熟练地掌握句式的正确运用方式。

3. 选词

在英语写作教学中，词语的选择是一个非常重要的方面。通常来说，选词会受到个人主观因素的影响，因而，它能够在很大程度上体现一个人的写作风格。此外，选词还是作者同读者进行交流的重要方式，所以，在选词时，作者应当给予足够的重视。很多时候，选词需要考虑很多方面的因素，如是运用褒义词还是运用贬义词，是运用正式词还是运用非正式词，是运用具体词还是运用概括词等。除此以外，写作对象和角色也是选词时不可忽略的重要因素。

4. 拼写与符号

拼写与符号主要指的是单词的拼写以及标点符号的运用，虽然是一些比较基础的知识，但是对于写作的影响同样是不容忽视的。作为英语写作教学的重要内容之一，拼写与符号教学同样应当引起教师的重视。在设计教学内容和教学方式时，教师应当充分考虑拼写与符号的训练，以不断巩固学生的基础知识，从而有效地提升学生的写作能力。

（二）高校英语写作教学的目标

1.《英语课程标准》对英语写作教学的目标

(1) 一级目标

能正确书写字母和单词。

(2) 二级目标

①能模仿范例写句子。

②能写出简单的问候语。

③能根据要求为图片、实物等写出简短的标题或描述。

④能基本正确地使用大小写字母和标点符号。

(3) 三级目标

①能正确使用常用的标点符号。

②能使用简单的图表和海报等形式传达信息。

③能参照范例写出或回复简单的问候卡和邀请卡。

④能用短语或句子描述系列图片，编写简单的故事。

（4）四级目标

①能正确使用标点符号。

②能用词组或简单句为自己创作的图片写出说明。

③能写出简短的文段，如简单的指令、规则。

④能在教师的帮助下或以小组讨论的方式起草和修改作文。

（5）五级目标

①能根据写作要求，收集、准备素材。

②能独立起草短文、短信等，并在教师的指导下进行修改。

③能使用常见的连接词表示顺序和逻辑关系。

④能简单描述人物或事件。

⑤能根据所给图示或表格写出简单的段落或操作说明。

（6）六级目标

①能用恰当的格式写便条和简单的信函。

②能描述简单的人物或事件，并表达自己的见解。

③能以小组为单位把课文改编成短剧。

④能用恰当的语言书写不同的问候卡。

⑤能给朋友、笔友写信，交流信息和情感。

（7）七级目标

①能用文字及图表提供信息并进行简单描述。

②能写出常见体裁的短文，如报告或信函。

③能描述人物或事件，并表达自己的见解。

④能填写有关个人情况的表格，如申请表、求职表。

⑤能进行简单的书面翻译。

（8）八级目标

①能写出连贯且结构完整的短文，叙述事情或表达观点和态度。

②能根据课文写摘要。

③能在写作中做到文体规范、语句通顺。

④能根据用文字及图表提供的信息写短文或报告。

（9）九级目标

①能用英文书写摘要、报告、通知、公务信函等。

②能比较详细和生动地用英语描述情景、态度或感情。

③能阐述自己的观点、评述他人的观点，文体恰当、用词准确。

④能在写作中恰当地处理引用的资料及他人的原话。

⑤能填写各种表格，写个人简历和申请书，用语基本正确、得当。

⑥能做非专业性的笔头翻译。

⑦在以上写作过程中做到文字通顺，格式正确。

2.《大学英语课程教学要求》对英语写作教学的目标

（1）一般要求

①能掌握基本的写作技能。

②能写常见的应用文。

③能描述个人经历、观感、情感和发生的事件等。

④能在 30 分钟内完成不少于 120 词的一般性话题的短文，且中心明确，结构完整。

（2）较高要求

①能就一般性主题表达自己的观点。

②能描述各种图表。

③能写所学专业的概要。

④能学所学专业的英语小论文。

⑤能在 30 分钟内完成不少于 160 词的短文，且内容充实，条理清晰，语句简洁流畅。

（3）更高要求

①能以书面形式比较自如地表达个人的观点。

②能用英语撰写所学专业的简短的报告和论文。

③能在 30 分钟内完成不少于 200 词的各类作文，且逻辑性强，观点明确。

（三）高校英语写作教学的原则

英语写作教学的正常开展需要遵循一定的教学原则，并使教学原则贯穿于写作教学的方方面面。一般来说，英语写作教学需要遵循以下几个原则。

1. 循序渐进原则

学生英语写作能力的形成并非一蹴而就的，而是一个长期的过程，需要经过从简到繁、从易到难、从浅到深的循序渐进的训练才能够形成。因此，在英语写作教学过程中，教师必须遵循循序渐进原则。这里所说的循序渐进，主要包括两个方面：其一，就语言自身而言，写作训练应当先从句子训练开始，然后是段落训练，最后是语篇训练；其二，就训练活动而言，写作技能的训练要从简单的技能训练开始，然后才是较难的技能训练。一般来说，写作训练活动主要有两种，即获得技能性活动与使用技能性活动。技能性活动的开展目的主要是让学生理解语言组织方式，主要包括两种：一是抄写，让学生抄写或模仿所学的语言材料，并重点关注拼写的规则、标点的运用以及语法规范等；二是简单写作，让学生根据所学语法进行写作，以达到巩固语法知识的目的。使用技能性活动的开展目的主要是促进学生运用语言进行有目的的交际，主要包括两种：一是灵活性训练，让学生根据要求进行写作，如句子润色、句型转换等；二是表达性写作，让学生以现实需求为前提进行写作。需要注意的是，无论是哪一种活动，都必须按照从易到难的顺序进行，教师在具体的操作环节，要根据学生的具体情况安排教学计划，对学生进行针对性指导，以有效提升学生的写作能力。

2. 兴趣性原则

兴趣是一种内心的愿望，能使所获得的概念保留在意识中，而且将以前所获得的概念恢复到意识之中并长久保留下去。兴趣性原则就是教师应引导学生产生自愿的兴趣，至少从教学内容和教学艺术性两方面入手。比如，在备课时，教师必须钻研教材、熟悉学生有关情况，可从知识性、科学性等维度对教学材料（如课本）进行深入分析，以便根据实际教学情况进行处理，同时要对学生的基本情况（如水平、年龄、人数、学习动机）进行了解。因为知识有交互关系，教师总可能找到一条从已知推向未知的路径，使学生产生兴趣。教师不仅要激发学生从已有知识走向新知识的兴趣，而且要鼓励他们组合已有的知识；要寻找与学生好奇心产生共鸣的方式，对学生的兴趣进行外部控制。当然，学生的兴趣还可以通过提升教学艺术性来实现。

3. 以学生为中心原则

尊重学生的主体性，以学生为中心开展写作教学。组织多种教学活动，帮助学生积极地参与写作的过程，其中，小组讨论就是一种有效的方式。教师是否组织、如何组织学生进行小组讨论以及如何对学生的作文做出反馈是过程教学法能否成功的关键。

教师组织讨论的技巧多种多样，要根据班级的大小和学生的英语水平高低来定。各种技巧是相辅相成、融会贯通的，因此，教师在组织一次讨论时，可混合使用多种技巧。另外，讨论的内容也是可以变化的，教师可以组织学生围绕作文内容进行讨论，这样可以帮助学生拓展思路，使作文内容充实、言之有物。教师也可以组织学生就文章的格式、结构与体裁进行讨论，帮助学生写出格式规范的作文。

4. 信息性原则

信息性原则是师生之间必须具有“信息差”，这是指导教师备课授课的重要原则。有效的备课不是对教材以内的东西反复处理，而是多增添一些教材以外的东西，从而提升学生对于课程的新鲜感。这就要求教师在备课时充分拓展信息来源，使背景知识来源多元化。

备课是教师消化、选择、理解教学素材的信息加工过程。首先，教师对教学素材进行消化、筛选，对教学素材的充分性和有效性进行评估，忽略学生已知的或是难度偏低的内容，置换不符合教学实际的教学素材。当然，教师还应当避免信息量过大的误区，避免背景知识与主要知识本末倒置，使教学效果偏离预期的设定。其次，教师可以促成学生知识的类化。类化作用是以已有知识和经验作为吸收新知识的基础。新概念的理解往往可以借助已知概念来进行，由于各种题材的文章具有一定的共性，可以通过对学生熟悉的文体或范文的理解来对新知识进行类化，促使新知识与原有的概念和知识融合。

二、混合式教学模式在高校英语写作教学中的应用

高校英语写作“混合式学习”是整合了慕课（Massive Open Online Courses，MOOC）作为新兴教学资源方式和翻转课堂作为新兴教学方式的优点，基于社会交互软件和在线学习平台进行“课前—课中—课后”的互动。

在课前阶段，教师在整合英语写作过程教学法和结果教学法优势基础上，根据教学计划制定教学目标，将学习视频和任务发布到班级QQ群或微信群中。任务要求需要包含对学生学习策略以及基础的写作认知策略的培训。吴荣辉强调鼓励学生利用元认知策略指导完成整个“构思—写作—修改”写作过程，注重语篇连贯，协作完成语篇建构和逻辑意义建构。学生在明确学习目标和掌握相关学习策略及写作策略后开展自主学习、合作学习。

在课中阶段，学生提出问题并分享写作成果，教师根据在线平台上收集的数据反馈出的问题，进行答疑解惑，并提供其他英语写作相关语言支持或技术支持。教师在传统课堂环节，可以将学生在在线学习平台上提交的习作作为特殊案例，开展逐句的点评或是依据错误分类点评。引导学生积极参与到作文案例点评中相互欣赏彼此习作，开展学生互评，全力促进学生在该阶段培养语言学习批判性思维能力。

在课后阶段，教师依据课堂学生表现及其作文初稿和修改稿水平，进一步调

整写作课程进度，为促进学生反思性学习创设条件。学生在课后阶段结合课前和课中环节的自评互评和教师评价，以及在线学习平台提供的即时评价，结合国际优质写作慕课学习感受和心得，开展反思性学习，进而使英语写作知识内涵升华。

高校英语写作“混合式学习”模式借鉴英语写作过程教学法和结果教学法各自的优势，整合国际优质英语写作教学资源方式（慕课）和先进教学理念与方式（翻转课堂），充分发挥现代教育技术及网络技术和移动网络终端（智能手机、平板电脑等）应用潜能，体现了教师的主导与指导作用和学生的主体能动作用。新混合式高校英语写作学习模式强调技术对话、人机交流、师生交流、同学交流，凸显具有形成性评价功能的学生自评、同学互评、教师评价、在线写作即时自动评价在培养学生交际能力、探究能力、协作能力和自主学习能力方面的支架作用。

三、“线上＋线下”混合式高校英语写作教学评析

（一）有助于实现“自主、探究、合作”新型教与学的方式

从写作文本质量、词汇多样性和丰富性以及句法句型结构的使用情况来看，经过一段时间的训练，学生能逐步有意识地规划每一次篇章布局，反思每一次写作过程，并积极寻求方法策略训练写作技巧。

唯有数字化环境下的写作课堂才能开辟出的“数字化快速反应镜像资料库”，有助于激发学生的写作兴趣和内驱力。也只有“线上＋线下”混合式教学模式，将传统的课堂讲授翻转至课下自主探究学习，才使学生有更多的机会沉浸于小组成员共同进步的喜悦。这一切都是传统的写作教与学的方式无法比拟的。

（二）改变了传统的“师、生与教学内容”的关系

使用“线上＋线下”混合式教学模式能很好地克服课堂面授时间短以及师生共同讨论、共同学习时间少的缺陷，学生可以在课前按照自己的学习节奏，反复或快速观看教学视频。对于概念解释中的疑点和难点，学生既可以选择利用网络查询，也可以向教师或同伴提问。

针对知识性强的内容，教师借助网络平台使用教学微视频来呈现；针对技能型训练的内容，教师有充分的时间给予每一位学生个性化的反馈。课前的线上自主学习和线下深度阅读保证了课上的活动时间。此外，由于知识型内容的讲授已经在课前通过视频学习的方式完成，师生间将有更多的课堂面授时间用于语言实践活动，进行质疑、反思和判断。

在全新的数字化环境下，教师与学生不再是一对多的单向线性的传输关系，而是同学间、师生间、师生与数字化教学媒介间多向多点非线性交互关系，从而提升学生对自由创作、自我评估、同伴评议等活动的参与度。

第六章

高校英语教学的展望

第一节　高校英语个性化教学

高校英语个性化教学符合我国高等教育改革的趋势，顺应了当前世界范围内的终身化教育、民主化教育等现代教育潮流。作为一种重要的教学形式，高校英语个性化教学有助于学生独立自主、积极主动地进行英语学习，是培养创新型人才和提高大学教学效果的一条重要途径。

一、个性化英语教学的含义

个性化教学不是一种学习方式或方法，而是一种教育理念。对教师来说，个性化教学就是因材施教。教师要考虑到学生的个体差异，运用多种教学方式和教学手段来满足不同学生的需求，教师要对学习中产生影响的各方面的因素（如学习动机、认知类型、性格等）做深入的了解，要充分发挥学生在学习中的主体作用，让学生可以根据自己的特点和需求，在更大程度上自由地选择适合自己的学习资源，能够按照适合于自己的方式和进度来学习他们所需要的内容。

当然，个性化教学不等于对学生放任自流，学生的学习是在教师的监督下合理有序地完成的，教师为学生适时地提供科学的指导。因此，个性化教学应该是以多种形式和方法促进每个学生个性全面和谐地发展。

二、个性化英语教学模式的构建

高校英语个性化教学的实施是一个长期探索的过程，英语教学的有效实施仅仅依靠教师个人的努力是不够的，整个教学过程的有效实施需要学校、家庭、学生的积极配合才能达到很好的教学效果。

（一）建立个性化教学组织

高校英语个性化教学的顺利进行需要强有力的个性化教学组织进行保障，组建的个性化英语教学组织应具有以下职责：

首先，组织要对学生进行个性差异的测试。个性化教学组织需要运用科学合理的方法测试出学生所具有的个性化差异，以便于教师根据不同学生的特点有效地组织教学活动。

其次，个性化教学组织要对学生进行合理分组和安排课程。由于影响学生个性化差异的因素有很多，每个学生所具有的个性化特点也不尽相同，这就要求教学组织要有效对学生进行分类，并分组安排教学。

最后，个性化教学组织要根据教学的进展情况，适时地组织校内外的专家和教师开展教学会议，有效解决教师在教学中的一些问题。

（二）建立校内外教师个性化教学协作团体

为了更好地促进英语的个性化教学，需要在校内外建立个性化的教学协作团体。协作团体要发挥英语学科教师的特点，为不同个性小组的学生分配教学任务。此外，还要加强与其他学科的教师的协作，根据学生的需要组织授课，实现对于学生的个性化教育。受校内教学理念的影响，很多英语教师在教学过程中采取的教学方法都具有该校的教学特色，为了更好地促进高校英语的个性化教学，还需要建立校外的英语教学协作团体，进一步拓展组织个性化英语教学。

（三）个性化教学与集体教学紧密结合

高校英语的个性化教学与英语的集体教学并不是对立的，在一定条件下将个性化教学与集体教学结合在一起可以有效地促进英语的教学。集体教学作为传统的教学方式具有教学时间短、传授知识比较全面的特点，可以在很短的时间内完成教学任务，对于学生的英语学习具有一定的帮助；而个性化英语教学虽然可以根据学生的不同特点组织教学，可以达到良好的教学效果，但是需要消耗大量的教学时间和教学精力。根据高校英语教学实际，将个性化教学与集体教学相结合是目前比较科学的课程安排形式。

三、个性化英语教学方法

（一）语法翻译法

语法翻译法是用母语翻译教授外语书面语的一种传统外语教学法，即用语法讲解加翻译练习的方式来教学外语的方法。语法翻译法又称传统法、古典法等，源于15～17世纪的拉丁语教学法。其主要特点有：以传统语法作为教授外语的基础；翻译是教学的基本手段；文学语言优于口语，重读写，轻听说；课堂用语大部分是母语，很少积极使用目的语。

（二）听说法

听说法又称口语法、句型法等，是一种强调通过反复句型结构操练来培养口语听说能力的教学法。其主要特点有：听说领先，注重口语，反复操练；以句型为中心；排斥或限制使用母语和翻译，尽量用直观手段或借助于情境、语境，直接用目的语理解和表达。

（三）情境教学法

情境教学法是指在教学过程中，教师有目的地引入或创设具有一定情绪色彩的、以形象为主体的生动具体的场景，以引起学生一定的态度体验，从而帮助学生理解教材，并使学生的心理机能得到发展的教学方法。其核心在于激发学生的情感。情境教学法的基本步骤是：提出情境，学习语言；书面练习，巩固结构。在情境法的课堂上，英语是教学语言，教师应用英语组织教学、解释语言项目和布置课下作业。如果在解释语言词汇或结构时碰到一些难以解释的项目，教师也可使用母语讲解，但不鼓励学生使用母语。

（四）交际教学法

产生于20世纪70年代的交际法教学是西欧培养语言交际能力的一种教学体系，强调按外语学生的不同需要确定教学目的，主张教学过程交际化，把教学过程和培养交际能力紧密结合起来。交际教学法并不是一种单一的、固定的教学模式，它的核心内容是“用语言去学”和“学会用语言”，而不是单纯的“学语言”，更不是“学习关于语言的知识”。其教学的最终目的是让学生获得足够的交际能力。在课堂学习中，学生在多数情况下处于某种“交流”“交往”“交际”的场景中，通过听、说、读、写等具体的行为去获得外语知识和交际能力。交际教学法要求以学生为中心，强调师生、生生之间的互动。学生主要是以交际者的身份参加学习。但教师的作用不能忽视，教师是组织者，负责安排教学活动；同时也是交际者，不时会与学生用英语进行交流。由此可见，交际教学法的核心是丰富教学内容，组织课堂活动，让学生通过交际学习英语。

（五）任务型教学法

这是20世纪80年代兴起的一种强调“在做中学”的语言教学方法，是交际教学法的发展，在世界语言教育界引起了人们的广泛注意。这种“用语言做事”的教学理论也逐渐引入我国的基础英语课堂教学，是我国英语课程教学改革的一个走向。该理论认为，掌握语言大多是在活动中使用语言的结果，而不是单纯训练语言技能和学习语言知识的结果。在教学活动中，教师应当围绕特定的交际和语言项目，设计出具体的、可操作的任务，学生通过表达、沟通、交涉、解释、询问等各种语言活动形式来完成任务，以达到学习和掌握语言的目的。

任务型教学法是吸收了以往多种教学法的优点而形成的，和其他的教学法并不排斥。任务型教学法属于以学习为中心的教学法。其课堂操作程序表现为一系列的教学任务，在任务履行过程中，学生注重语言交际的意义，充分利用自己已经获得的目的语资源，通过交流获取所需信息，完成任务，其学习过程是沿着开放的途径达到预期的教学目标。在活动中学习知识，培养人际交往、思考、决策和应变能力，有利于学生的全面发展。而在教师的启发下，每个学生都有独立思考、积极参与的机会，易于保持学习的积极性，养成良好的学习习惯。

（六）交互式教学法

交互式教学法以语言功能为纲，着重培养交际能力，也被称为交际法或功能—意念法。它强调语言教学必须以学生为中心，教师应提供真实的、有意义的语言材料，创设真实自然的语言环境，使学生进行有意义的学习；教学过程围绕语言功能的特定任务而展开。交互式教学法吸收了其他教学流派的优点，形成了自己的优势。

交互式教学法的教学目的是培养学生的交际能力，学生能够在不同的交际场合运用所学语言与不同的对象进行有效得体的交际。交互式教学法强调在课堂教学中学生是课堂的主角，应积极主动地参与课堂活动。交互式教学重视师生之间、学生之间的相互支持和促进，教师的主要作用是扮演学生学习促进者。由于交互式教学法强调语言的流利性，忽略语言的准确性，课堂上教师要鼓励学生大胆开口，使用语言交流思想以培养学生的语言交际能力；同时，教师不需要急于纠正学生的语言错误，以免影响学生的语言流畅性和积极性。交互式教学法重视对目的语国家文化的学习，同时注意介绍中西文化差异和培养跨文化交际知识，以便进行有效且恰当的书面交际，避免受本国文化的影响，在交际过程中出现理解的误差或差异。

（七）合作型教学

合作学习是一种以学生之间的互动为主要取向的教学理论与策略体系。合作学习是指学生在小组中从事学习活动，并依据他们整个小组的成绩获得奖励或者认可的课堂教学技术。在课堂上，同伴之间的合作是通过组织学生在小组活动中实现的，小组通常由3～5个人组成。小组充当社会组织单位，学生在这里通过同伴之间的相互作用和交流展开学习，同样也通过个人研究进行学习。合作学习是一种旨在促进学生在异质小组中互助合作，达成共同的学习目标，并以小组的总体成绩为奖励依据的教学策略体系。

综上所述，合作学习主要是以学生之间的互动合作为教学活动取向的，它是以学习小组为基本组织形式，系统利用教学动态因素之间的互动来促进学习，以团体成绩为评价标准，共同达成教学目标的活动。具体而言，教师在合作学习中要注意以下几个环节的操作。

1. 合理分组

合理分组是小组合作学习的首要环节。教师应充分发挥其引导作用，促进小组成员间相互帮助、支持、鼓励。

2. 灵活组织课堂活动

教师在安排教学活动时，要使每个成员都意识到他们的状态会引起其他组员状态的变化，他们要以合作的方式才能完成任务。合作教学中的主要活动包括角色扮演、话题讨论、小组竞赛、切块拼接等。切块拼接常用于课文学习，教师将课文分割成不同片段作为学习资料，各小组承担不同片段的学习讨论，然后各小组轮流交流学习的收获，激发小组成员间彼此之间的学习动机和兴趣。

3. 科学评价

为确保合作学习教学模式的顺利进行并取得预期目的，对小组合作学习效果进行科学的评价也是不可缺少的。由于学生分组进行合作，共同完成活动，每个学生不仅要学到所教授的知识，还要帮助其他同学学习。在活动过程中，全组同学有分工、交流、合作，每个人的贡献都对小组的最后成果起作用。通过小组合作学习，学生达到学会求知、学会做事、学会合作、学会做人的目的。

第二节　高校英语 ESP 教学

随着我国经济的发展及全球一体化趋势，英语已经成为国际交流的重要桥梁。在飞速发展的国际交流与较低的外语应用能力之间的矛盾日益突出的背景下，专门用途英语应运而生，受到各个大学的重视。

一、ESP 概述

ESP 即 English for Specific Purposes，也就是平常所说的“专门用途英语”或“特殊用途英语”，如旅游英语、商务英语、财经英语、医学英语、工程英语等。20 世纪 40 年代以后，全球经济迅猛发展，科学技术日新月异，国际贸易、金融保险、邮电通信、国际旅游、科技交流等全球范围内的各种交往空前频繁。国际大交流呼唤一种能担当此重任的交流工具。由于种种原因，英语成了国际交往中的主要通用语言。随着经济和科学文化的发展，英语作为国际语言的地位正在日益得到加强，世界出现了学英语热。为了满足各类人员学习英语的需要，ESP 应运而生并得到迅速发展。

到 20 世纪 80 年代，研究 ESP 的人越来越多，出现了一大批论文和专著。ESP 教学的特征：①课程设置必须满足学生的特别要求；②内容上与某些特定的学科、职业及活动相关；③重点应放在使语法、词汇、篇章结果与那些特定活动相适应的语言应用上；④与 EGP（English for General Purposes，一般用途英语）形成对照。

ESP进入我国高校英语教学的时间并不是很长。随着我国国际交往的日益扩大，经济全球化、科学技术一体化、文化多元化时代的到来，随着我国大学新生的英语整体水平的提高，专门用途英语教学将是我国高校英语教学的发展方向。

二、ESP教学的应对策略

ESP课程的开设对学生大学毕业后的发展和英语教师自身的发展都至关重要。一方面，对学生而言，他们对传统的EGP教学大多感到枯燥，甚至厌倦。而改变这种现状最佳的方式就是ESP教学。英国语言学家威尔金斯提出，经过ESP培养的学生，在他们将要从事的专业领域，能够比那些只接受了通用英语教育的学生更准确、更有效地胜任交际活动，更有助于他们的就业。另一方面，ESP对专业英语教师的意义更不容忽视。在ESP教学将成为高校英语教学主流的今天，高校英语教师的发展目标不仅仅是外语授课者，同时也应该成为某种专业领域的“准从业者”。

（一）对教师的要求

ESP教学对授课教师提出了更高的要求。首先，教师对专门用途英语的教学目标要有全面、清晰的认识，明确在教学过程中应该教授给学生什么，并且能随时根据学生的反馈和意见对教学进行完善和改进。也就是说，教师应该是课程的设计者，教师与学生之间应该是合作关系。在课堂上，师生之间应该有良好的配合和互动。其次，教师应该对ESP教材与学生状况进行研究。最后，ESP教师要思考以何种方式较准确地测试与评估学生的能力与水平，并根据实际情况不断进行调整。教授ESP的教师都是英语专业毕业的，英语基本功扎实，但缺少相关的专业知识。这就需要教师在课下充电，把专业知识和英语相结合，如此才能在课堂上有的放矢地教好学生。这也是所有教授ESP的教师都面临的巨大挑战。

教师是ESP教学成败的关键性因素，在师资培训方面具体有三种方法。

1. 送出去

大学可根据本校实际分批选派一些年纪轻、英语基础好、有一定专业知识的教师去国内或国外的ESP教学师资培训基地进修学习。

2. 请进来

定期邀请国内外ESP专家来学校开展专题讲座。

3. 相互交流

参加校际的ESP公开课、交流会等活动，为教师提供学习锻炼、开阔眼界的机会，并通过经验丰富教师传、帮、带的培养模式来促进年轻 ESP 教师的快速成长。

（二）对教材的要求

ESP 教材的编写应该建立在需求及评估的基础之上，实用性强，难易程度适中，适合绝大多数学生使用。ESP 教材的一个突出特点就是它的真实性和针对性，教材的内容应该基于真实的语境，能和学生所学专业紧密联系起来，如某些专业词汇、固定用法、习惯表达等，使学生将来在就业时能够学以致用。其次，教材应强调能力训练，学与练有机结合起来。实践语言操练在课堂上应占有较大的比重，如设定某个语言情境让学生进行对话练习等。

（三）建立 ESP 网上资源库

计算机技术的发展，特别是多媒体技术、网络信息技术的飞速发展，使得教学理念发生了根本性的变化。建议由国家高等教育主管部门牵头，建立一个专门的 ESP 网络资源平台，汇聚全国大学的各种 ESP 资源，供 ESP 教师相互交流学习，共享资料。如此，将大大节约各大学在 ESP 教学研究方面人力、物力和财力投入，迅速缩小各大学间的 ESP 教学差距，并极大地提升国内 ESP 教学的整体水平。

第三节　高校英语网络教学

一、构建网络环境下的高校英语教学模式的意义

传统的教学模式不利于展现生动的情境，不够直观，难以激发学生的好奇心和求知欲，导致“哑巴”英语长期存在。而在语言活动中利用网络技术创设出真切的动态情境，可以全方位、多层次地刺激学生感官，使学生能够获得真实、形象、具体的表象，受到特定氛围的感染，从而培养学生对语言的感知能力，进而活跃思维，提高语言运用的创造力。同时，也可增强学生模仿和创新的能力，为全面培养学生的听说读写能力打下坚实基础。由此可见，高校英语网络教学有着很大的优越性。

我国教育部颁布的《大学英语课程教学要求》中提到，各大学应充分利用现代信息技术，采用基于计算机和课堂的英语教学模式，改进以教师讲授为主的单一教学模式。新的教学模式应以现代信息技术，特别是网络技术为支撑，使英语的教与学可以在一定程度上不受时间和地点的限制，朝着个性化和自主学习的方

向发展。新的教学模式应体现英语教学实用性、知识性和趣味性相结合的原则。

（一）英语网络教学真正激发学生的学习兴趣和主动性

人类获取的信息83.5%来自视觉，11%来自听觉，3.5%来自嗅觉，1.5%来自触觉，1%来自味觉，可以看出，人们通过视觉和听觉获得的信息占其获得总信息量的94%。心理学研究记忆率时还发现，对同样的学习材料，单用听觉，3小时后能保持所获取知识的60%，3天后则下降为15%；单用视觉，3小时能保持70%，3天后下降为40%；如果视觉、听觉并用，3小时后能保持90%，3天后仍可保持75%。

而英语网络教学能提供文本、图像、音频、视频、电影以及虚拟现实等教学手段，使学生对课堂内容的理解与接受实现多通道、多元化，充分体现认知主义学习理论中多重感官同时感知的学习效果优于单一感官的学习效果这一观点，有利于语言教学多方位立体输入，突出重点，还能提供纯正地道的语音语调，更易被学生喜欢和模仿，从而培养学生的语感，激发学生学习英语的兴趣。

英语网络教学一定程度上改变了学生的学习方式和习惯，学生由原来被动的“不得不学习”变成了主动的“要求去学习”。在网络学习中，学生可以自己控制和管理学习过程，即根据自己真实的学习水平和独特的学习方式去选择适当的学习内容和形式，根据计算机的反馈自主地决定进度，甚至可以主动地去探索，发现自己所需要的知识和信息。

（二）英语网络教学为互动式学习提供了便利条件

网络具有独到的交互功能，学生在网络中不仅可以接受，还可以表达，英语网络教学改变了学生的交流方式。在以往的课堂中，学生一般只局限在与教师的交流中，而网络教学使学生之间的交流消除了原来的时空限制，可以实现多主体、大众化的交流。英语网络教学实现了教学资源的共享，进一步实现教育的平等以及提高学生的受教育水平。

以《新视野英语教程》为例，教师结合教学需要编写课件进行讲解，图文并茂，以传授知识和调动学生兴趣为主。课件里应有相应的语言输出，学生可以跟读练习发音。教师在课堂上不是简单地操作电脑，还要对学生的疑点和难点有一定的预见性，并根据进度适时答疑解惑。针对课文，教师也可以利用网络技术向学生展示相关的背景知识，使Leading的部分更加生动直观，增强学生的讨论热度，提高学生思维和阅读理解能力。

（三）英语网络教学扩大英语教学范围，提高教学效果

教师可以利用网络向学生更生动、详细地介绍课文相关背景知识，拓展学生

的知识面；也可在适当的时候采用多种教学手段，利用视频、音频、图片、文字等方式介绍多角度的语言知识，使教学内容贴近时代，与时俱进。

在网络教室里学习的最大特点是教学资源是由计算机网络提供的，学习方法也是教师根据学生情况事先设计好再由计算机提供给学生的，学习活动在网络环境中进行。基于网络技术的英语合作学习活动或项目能够提供真实交流和真正交互的情境，为教师个别辅导、因材施教拓宽了路径。同时，网络技术为学生提供了轻松的学习环境，学习效率自然得以提高。由此可见，在感知、想象、理解及应用整个语音习得过程中，网络技术为学生的自主学习提供了重要条件。

二、网络教学模式的理论基础

（一）语言监控理论

随着网络技术和资源辅助英语学习的趋向越来越明显，学者们纷纷从不同角度来研究和探讨网络技术对英语学习辅助作用的理论基础，其中，第二语言习得理论中的语言监控理论是研究使用网络技术辅助英语学习必须依据的原理之一。

语言监控理论认为，在第二语言习得中，习得比学习更重要。第二语言习得有两种不同的途径：一种是学生把注意力有意识地集中在目的语的形式特征上，即“有意识的学习”；另一种是学生运用下意识过程，运用目的语进行真正的交际，正如学生习得第一语言一样，注重的是意义、内容和效果，而不是语言结构形式，即“潜意识的习得”。习得是主要过程，学习只是以“监控”者的身份运用自己所学对所说的话进行监控和修正。学习和习得在第二语言运用中的作用是截然不同的，说话者的话语内容及流利程度由“习得”决定。“监控”被用来改变说出或写出的话语中的形式错误，监控假设对第二语言教学很有启发意义。“监控”的发展依赖于课堂上正式语法规则的传授训练。话语习得则通过交际在不知不觉中获取。对语法规则有意识的感知对“习得”并无帮助，但能“打磨”学生通过“交际”产生的习得内容使其更加准确，因此，英语学习的重心不应是学习语法的规则，而应重在交际活动。因此，把语言监控理论运用于高校英语网络教学，探讨语言监控理论与高校英语网络教学之间的关系，以及基于此理论指导下的网络教学模式应该怎样进行是非常有必要的。

（二）输入假设理论

第一，可理解性。理解输入的语言材料是语言习得的必要条件，不可理解的输入对于习得者而言，只是一种噪声。

第二，既有趣又有关。要使语言输入对语言的习得有利，必须对它的意义进行加工，输入的语言材料越有趣、越关联，学生就会在不知不觉中习得语言。

第三，非语法程序安排。语言习得的关键是足量的可理解的输入。如果目的是“习得”而不是“学得”，按语法程序安排的教学不仅不必要，而且不可取。

第四，要有足够的输入量。要习得新的语言结构，仅仅靠几道练习题、几篇短文是不够的，它需要连续不断地进行有内容、有趣味的广泛阅读和大量的会话才能奏效。

网络教学模式是在现阶段我国学生英语语言输入环境不足的情况下诞生的，反映了学生的需求。输入假设对外语教学也有一定启发，它提醒教师在课堂教学中时时注意学生的现有语言水平；在输入难度上，要考虑学生的可接受程度不同。此外，相对于传统课堂而言，网络技术提供的巨大资源库和与教学软件相关的各种链接弥补了传统教材在内容和形式方面的不足，为学生提供了广阔的学习空间，提高了学生的语言输入能力。

三、常见的高校英语网络教学模式

（一）网络自主学习模式

该模式注重个性化教学和自主学习，主要分为网络自主接受模式和网络自主探究模式。

1. 网络自主接受模式——学生＋学生资源＋学习指导者

由于自主接受模式主要针对的是学生语言知识和技能的训练，因此训练的内容主要以完形填空、单项选择、多项选择、判断、配对等带有详细答案的形式为主，学生完成测试并提交答卷后，计算机通过已设定好的识别和反馈程序可自动进行批改，答卷中的错误会清晰显示并同时提供正确答案。

2. 网络自主探究模式——学生＋任务＋参考资料＋教师

这一模式主要用于培养学生的语言应用能力，而不是词汇或语法等语言基础知识。教师给学生布置语言任务，学生在模拟完成一个真实的语言任务的过程中，在教师的指导下，加之自身不断地改正与探索，最终达到熟练掌握语言技巧的目的。

（二）网络任务合作模式——学习小组＋任务＋参考资料＋教师

该模式主要是通过学生组建学习小组，利用网络资源，完成教师布置的一般较为复杂的语言任务，从而提高综合语言能力以及团队合作意识。在任务合作模式中，教师的作用比较重要。首先，教师要按照学生的语言以及综合能力水平等对学生进行分组，并提供必要的资源索引。其次，在学生完成任务过程中，教师要及时对出现的问题予以指正，协调小组合作时可能出现的成员矛盾，从整体上把控学生完成任务的进度。最后，教师在学习完成任务后组织评估工作。整个过程，学生应尽量使用目标语言完成，如使用英语进行沟通，选用英语参考资料，用英语总结发言，最后提交的作品用英语书写等。这种教学模式是通过构建一个虚拟的任务环境，让学生在完成任务的过程中得到语言综合应用能力的提高，同时也培养了学生的团队合作能力。

（三）网络集体传递模式——学生＋学习资源＋教师

这种模式与传统的教学模式相似，传统的教学是在教室里进行的，该模式是利用虚拟网络进行的。

（四）网络综合教学模式

在实际网络教学中，单一的教学模式往往不能满足不同教学目标的需要，通常需要将上述几种教学模式根据具体情况综合使用，这就是综合教学模式。

四、网络环境下的英语教学所应遵循的原则

（一）学生的主体性原则

即学生处于教学的主体地位，能自始至终地参与有关自主教学的决策，能自觉地对自己的学习实施自我坚持和评价，对自己的学习负责，成为学习的主人。

（二）学生学习的独立性原则

学生在自主过程中，可根据各自不同的需求、学习动机和学习目标，积极主动、有创见性地独立决定自己的学习内容、学习方法、学习过程和学习形式。它是学生一种有意识地计划、监控、实行和测试反思的学习过程。

（三）学生学习的超前性原则

学生主动参与学习和教学，能为自己寻找新的学习方法，以适应现在及未来的终身教育活动，使自己能迎接学习中产生的新问题的挑战。

（四）教师的主导性与学生的主体性相结合原则

网络环境下教师的主导作用不仅体现在对教学内容的讲解和对学生的启发、引导，还体现在对情境创设、信息资源提供、合作学习的组织和研究性学习的指导以及自主学习策略设计等方面。教师必须了解学生的需求，获取学生的信任，使他们对自主学习有所认识，如此才能逐渐将学习的责任移交到学生身上。

五、高校英语互联网教学对教师和学生的要求

（一）对教师的要求

网络学习平台、手机英语学习 App、微信公众平台的移动课程，这些以网络为载体的高校英语教学和学习方式，冲击着高校英语的传统课堂，挑战着高校英语的教学理念和高校英语教师的角色定位。因此，高校英语教师应从以下几个方面调整自己。

1. 以新思维指导自己

高校英语教师要重新解读“以学生为中心”这一理念。“以学生为中心”指以学生的学习和发展为中心，从“教”为中心向“学”为中心的转变，反对填鸭式、灌输式教学，主张解放学生的思维，发挥学生在学习中的主观能动作用，提倡协作式、个性化、小组讨论等多种教学形式组合起来进行教学，要全面、整体、协调推进。高校英语教师要转变教学观念，以学生为出发点和落脚点，全方位设计高校英语教学。

2. 以新角色定义自己

教师的传统角色一直是“传道、授业、解惑者”。高校英语教师在信息技术不发达的情况下以及传统的教学模式下，扮演着知识的占有者和传播者。

互联网的快速发展不仅打破了这种英语知识和其传播的垄断，还提供了不受时空限制的语言学习和交流的平台和方式。但这并没有减轻高校英语教师的负担，也不意味着高校英语教师一职位将被替代，相反是凸显了高校英语教师的重要性。因为在大量的网络学习资源下，如何甄别、选择、利用网络资源，有效地学习英语语言知识是大多数学生面临的问题。在这些新问题下，高校英语教师扮演着学习者、研究者、设计者、合作者、引导者等更丰富的角色。

3. 以新科技武装自己

新型的高校英语教学和学习方式有着传统课堂无法比拟的移动性、灵活性、多样化、情境化特征。而将传统高校英语课堂与新型教学和学习方式合理结合是高校英语教学的必然趋势。这就要求高校英语教师除了具有过硬的专业知识，还要熟练掌握并灵活操作与教学相关的计算机办公软件，必要时，还要学会解决教学时出现的简单的软件问题，确保教学活动的顺利开展，高效地服务于现代高校英语教学。

（二）对大学生的要求

大学阶段是人生的重要阶段，而大学生的身心发展还未真正成熟。信息时代

的到来，各种网络学习资源井喷式出现，考验着大学生的思辨能力和学习能力。大学生要在日常生活中训练自我思维能力，根据自己的学习需求获取正确的知识资源，积极主动地利用各种在线学习课程和学校提供的网络自学条件，从被动学习转变为自主学习，从接受式学习转变为探究式学习，从个人分散学习转变为合作学习。

参考文献

[1]陈丹."对分课堂"在大学英语教学中的应用[M].延吉:延边大学出版社,2019.

[2]窦国宁.创客教育理念下的大学英语教学理论与实践[M].北京:企业管理出版社,2019.

[3]冯建平.新时代大学英语教学研究[M].长春:吉林大学出版社,2020.

[4]高红梅,管艳郡,朱荣萍.高校英语教学创新性研究[M].长春:吉林人民出版社,2021.

[5]管艳郡,朱荣萍,罗芳.高校英语教学及其语言学应用研究[M].长春:吉林人民出版社,2021.

[6]扈玉婷.大学英语生态化写作教学研究[M].北京:北京理工大学出版社,2019.

[7]蒋丽霞.文化视域下的高校英语教学研究[M].北京:北京工业大学出版社,2021.

[8]邝增乾.大学英语教学的情感因素研究[M].长春:吉林人民出版社,2020.

[9]李小莉.高校英语教学理论与实践[M].延吉:延边大学出版社,2021.

[10]李晓玲.大学英语教学方法研究[M].西安:陕西科学技术出版社,2020.

[11]刘俊杰.新媒体与大学英语教学的融合及应用探究[M].北京:北京工业大学出版社,2019.

[12]刘蕊.教育生态化视角下高校英语教学创新研究[M].长春:吉林出版集团股份有限公司,2021.

[13]刘婷,赵娟丽.新时期高校英语教学的多视角研究[M].北京:中国商务出版社,2021.

[14]吕文丽,庞志芬,赵欣敏.信息化时代下的大学英语教学改革探索[M].长春:吉林大学出版社,2019.

[15]秦初阳,孙金凤,丽娜.跨文化视域下的高校英语教学理论体系重构探索[M].吉林人民出版社,2021.

[16]任彦卿.基于移动学习系统的大学英语教学研究[M].长春:吉林人民出版社,2019.

[17]史利红.大学英语教学中学习拖延问题研究[M].北京:北京理工大学出版社,2019.
[18]宋玉萍,林丹卉,陈宏.图式理论指导下的大学英语教学研究[M].北京:知识产权出版社,2019.
[19]孙琳.大学英语教学设计与有效教学[M].长春:吉林大学出版社,2020.
[20]魏微.大学英语教学基础理论与实践研究[M].长春:吉林人民出版社,2020.
[21]徐琴.新时代高校英语教学模式创新研究[M].北京:北京工业大学出版社,2021.10.
[22]杨雪飞.多元文化视域下的大学英语教学研究[M].北京:北京理工大学出版社,2019.
[23]苑丽英.互联网+视域下大学英语教学的创新探索[M].长春:吉林人民出版社,2019.
[24]张乐平."互联网+"时代背景下大学英语教学改革与发展研究[M].长春:吉林大学出版社,2019.
[25]张献.大学英语教学理论及实践应用[M].武汉:中国地质大学出版社,2020.
[26]周保群.大学英语教学模式与课程建设研究[M].重庆:重庆大学出版社,2020.
[27]朱飞.大学英语教学中的翻转课堂[M].长春:吉林大学出版社,2020.
[28]朱婧,焦玉彦,唐菁蔚.大学英语多元互动教学模式研究[M].长春:吉林大学出版社,2019.